지구 생태계를 망가뜨리는 빛 공해 이야기

잠들지 않는 지구를 구하라!

글 스티븐 에이킨 | 옮김 오지현 | 감수 전영석

초록개구리

더불어 사는 지구는 우리가 세계 여러 나라 사람들과 함께 이 지구에서 더불어 잘 살기 위해 생각해 보아야 할 환경과 생태, 그리고 평화 등의 주제를 다루는 시리즈입니다.

Saving the Night: How Light Pollution Is Harming Life on Earth

Text copyright © Stephen Aitken 2023
Published by arrangement with Orca Book Publishers, Victoria, Canada. through Orange Agency, Korea
Korean translation copyright © 2024 Green Frog Publishing Co.
All rights reserved. No part of this publication may be reproduced, stored in a retrieval system, or transmitted in any form or by any means, electronic, mechanical, photocopying, sound recording or otherwise without the prior written permission of Green Frog Publishing Co.

이 책의 한국어판 저작권은 오렌지에이전시를 통해 저작권사와 독점 계약한 초록개구리에 있습니다. 저작권법에 의해 한국 내에서 보호를 받는 저작물이므로 무단 전재와 복제를 금합니다.

▶ 밤하늘의 별은 원래 지구보다 수백만 배 이상 크다. 하지만 지구에서 아주 멀리 떨어져 있기 때문에 우리 눈에는 반짝이는 작은 점으로 보인다.

차례

들어가는 말 | 밤이 사라지고 있다! • 6

1장 자연의 낮과 밤

밤은 어떻게 생겨났을까? • 10 | 밤하늘은 까만 도화지 • 11
빛을 따라 살아가는 생물들 • 12 | 인간에게 보이지 않는 빛 • 14
생물이 볼 수 있게 되기까지 • 14 | 밤은 모두에게 필요하다 • 16
밤을 위해 만들어진 눈 • 18 | 밤눈을 대신하는 갖가지 방법 • 20
낮에 움직이고 밤에는 쉰다 • 21
새벽과 저녁에 움직이는 동물들 • 22
밤에 이동하는 동물들 • 23 | 잠자는 식물들 • 24
빛을 뿜어내는 생물들 • 25 | 바닷속 천연 조명 • 27

2장 밤을 몰아낸 인공조명

불에서 전구까지 • 30 | 빛에 대한 불편한 진실 • 31
위태로운 밤하늘 • 32 | 빛 공해를 가리키는 용어 • 33
공해를 일으키는 빛 • 34 | 철새들의 떼죽음을 부른다 • 36
혼란스러워진 새들의 시간표 • 39
빛의 덫에 걸리는 곤충들 • 40
차량 불빛에 눈이 머는 포유동물 • 41
박쥐의 사냥을 방해한다 • 42
개구리의 짝짓기를 방해한다 • 44
식물이 웃자란다 • 45
빛을 건강하게 받으려면 • 45

3장 밤바다가 위험하다

바다에도 밤이 필요하다 • 50
새끼 바다거북을 헷갈리게 하는 바닷가 조명 • 51
달빛을 받아야 산다 • 52 | 바닷새를 죽음으로 끌어 들이는 인공조명 • 54
새들만의 선글라스 • 56 | 빛으로 소통하는 깊은 바닷속 생물 • 57
밤이 캄캄해야 잘 자란다 • 60 | 혼란을 주는 빛 • 61

4장 밤을 지켜라

어둠을 다시 불러오려면 • 64 | 밤하늘 관측에 나서자 • 65
에너지를 아끼자 • 67 | 밝을수록 안전할까? • 68
밤 환경을 눈여겨보자 • 70 | 어두운 밤하늘을 찾아가자 • 71
우리는 무엇을 할 수 있을까? • 72

사진 저작권 목록 • 76

들어가는 말

밤이 사라지고 있다!

밤이 되면 공기가 달라진다. 더 차갑고, 자연이 더 풍부하게 느껴진다. 익숙하지 않은 색다른 소리들이 더 크게 들려오는 것 같다. 축축한 밤공기 속에는 달콤하고 향긋한 내음이 감돈다. 어둠 속으로 걸어 들어가면, 눈이 천천히 어렴풋한 빛에 적응한다. 주위가 캄캄해지면 본능적으로 손전등을 찾게 되지만, 잠깐 참아 보자. 그러면 서서히 주변 나무들의 윤곽이 드러날 것이다. 나무 위 깊고 어두운 밤하늘에는 별들이 반짝인다.

여러분이 은하계 한가운데 서 있다고 상상해 보자. 은하계 바깥 가장자리로 눈길을 돌리면, 어둠 속에서 창백한 푸른 점이 보일 것이다. 바로 지구다. 태양 빛 속에서 빙빙 도는 먼지 한 조각처럼 작은 것, 그것이 우리 행성 지구다. 자, 이제 지구를 최대한 가까이 들여다보자. 지구 생명체는 수십억 년 동안 빽빽한 숲속에서도, 넘실대는 사막 모래 위에서도, 깊은 바닷속과 얕은 바다의 산호초에서도 낮이고 밤이고 끊임없이 진화해 왔다. 올빼미, 쥐, 도롱뇽, 박쥐

▲ 우주에서 찍은 지구 사진. 북아메리카 대륙에 해가 막 떠오르는 모습과 함께 수많은 조명이 밤새도록 도시를 비추는 모습이 찍혔다.

를 비롯한 여러 생물은 어둠 속 생활에 적응해 왔다. 이 생물들은 어둠 속에서 짝짓기를 하고, 먹이를 찾고, 집을 지을 뿐만 아니라, 무엇보다 굶주린 포식자들의 눈을 피해 왔다.

나는 일곱 살 때까지 어둠을 무서워했다. 새로 이사한 집의 지하실은 공포스러웠다. 하지만 천천히, 밤하늘에서 섬뜩함보다는 자연의 풍요로움을 느끼게 되었다. 나는 밤을 사랑하게 되었다. 귀뚜라미가 우는 들판에 홀로 서 있을 때의 두근거림을, 가까운 숲의 나무들 사이로 울려 퍼지는, 한번 들으면 잊히지 않는 부엉이 울음소리를 사랑하게 되었다.

▲ 밤에 전등을 얼마나 사용할지는 우리에게 달려 있다. 오직 인간만이 인간뿐 아니라 야행성 동물과 곤충에게 미치는 인공조명의 영향을 줄일 수 있다.

그러나 밤의 모습은 빠르게 바뀌고 있다. 전구가 발명된 지 150년쯤 지났을 뿐인데, 이제 세상은 밤에도 빛으로 넘쳐 난다. 밤하늘이 도시 불빛에 물들어 감에 따라, 별빛이 하나둘 시야에서 사라지고 있다. 도시 불빛은 오랫동안 캄캄한 밤에 적응해 온 생물들이 사는 생태계 속으로 흘러 들어간다. 80억 명이 넘는 사람들의 활동 때문에 지구는 이미 위태로워졌다. 인공조명은 또 다른 공해가 되어 겨우 살아 숨쉬는 지구를 옥죄고 있다. 빛 공해가 어떤 문제를 일으키는지, 전 세계 사람들이 밤을 구하려고 어떤 활동을 펼치는지 살펴보자.

▲ 청개구리 같은 양서류는 달의 주기에 따라 아주 캄캄한 밤에나 보름달이 뜬 환한 밤에나 잘 지내도록 적응해 왔다. 과학자들은 인공조명이 양서류의 생활 흐름을 방해해 개체 수가 줄어들게 만들 수 있다고 말한다.

1장
자연의 낮과 밤

지구에는 낮과 밤이 있다. 지구가 처음 생겨났을 때부터 지금까지 낮과 밤의 순환은 계속되고 있다. 지구에 사는 모든 생물은 오랫동안 그 순환에 맞추어 살아왔다. 그런데 인간이 인공조명을 만들어 사용하면서, 많은 생물에게 해를 끼치고 있다. 이 장에서는 자연 속 생물들이 낮과 밤에 어떻게 적응해 왔는지, 캄캄한 밤이 왜 꼭 필요한지 알아보자.

밤은 어떻게 생겨났을까?

태양은 지금으로부터 약 45억 년 전부터 빛나기 시작했다. 태양은 하루 24시간 끊임없이 타오르며 태양계 전체에 에너지를 공급한다.

그렇다면 밤은 어떻게 생긴 걸까? 여러분은 지구가 태양 둘레를 공전하면서 동시에 시속 약 1,600킬로미터의 속도로 자전한다는 말을 들어 보았을 것이다. 어느 순간에도, 지구 반쪽이 태양 빛을 받아 환하면 다른 반쪽은 어둠 속에 놓인다. 완전히 캄캄한 어둠은 아니다. 지구 둘레를 도는 '달'이라는 위성이 있기 때문이다.

달은 태양이 밤의 지구에게 준 선물과도 같다. 울퉁불퉁하고 바위투성이

▲ 아이슬란드 한 마을의 밤하늘에 나타난 오로라. 알록달록한 물결이 춤을 추는 듯하다. 오로라는 태양에서 날아온 높은 에너지의 입자들이 지구 자기장을 만나 북극과 남극으로 이동하면서 생겨난다.

▲ 우주 공간에 흩어져 있는 우주 먼지가 태양 빛을 만나 빛을 내는 것을 '황도광'이라고 한다. 해가 뜨기 전이나 해가 지고 나서 바로 보인다. 지구 대기가 태양 빛을 받아 빛을 내는 것을 '대기광'이라고 한다.

인 달의 표면은 흡수한 태양 빛 가운데 약 8퍼센트를 반사한다. 게다가 우주 공간에 흩어져 있는 먼지와 지구를 감싸고 있는 대기도 태양 빛을 다시 흩뿌려서 어둠을 더욱 옅게 만든다. 밤하늘의 은은한 빛은 오래전부터 사람들에게 영감을 주어 멋진 시와 그림, 음악을 만들게 하고, 수많은 생물종이 아름다운 만남을 가질 수 있게 북돋워 주었다.

밤하늘은 까만 도화지

검푸른 밤하늘 위에서 춤추는 빛만큼 화려한 것은 없다. 유성은 하늘에 붓질하듯이 기다란 흔적을 남기며 쏜살같이 떨어진다. 은하수가 망사 커튼처럼 펼쳐지면 별들은 다이아몬드같이 반짝인다. 극지방의 하늘에서는 북극광과 남극광이 알록달록한 실크 스카프가 바람에 나부끼듯 일렁이며 빛난다.

이러한 빛과 어둠의 화려한 공연이 없다면, 지구에서의 삶이 지루하고 재미없지 않을까? 매 순간 이 행성 어디에선가 눈부시게 해가 떠오르고 있다고 생각하면 가슴이 벅차오른다. 바로 그때 또 다른 곳에서는 해가 떠오를 때만큼이나 화려한 빛깔로 하늘을 가득 물들이며 지고 있을 것이다. 해가 진다는 것은 낮이 물러가고 밤이 다시 찾아온다는 것을 의미한다.

빛을 따라 살아가는 생물들

지구보다 100만 배 이상 더 큰 태양은 지구로 빛과 에너지를 보내 준다. 식물은 엽록소에서 이산화탄소와 물로 영양분(포도당)을 만드는 '광합성' 과정에서 태양의 에너지를 양분에 저장한다. 초식 동물은 이러한 식물을 먹어서 에너지를 얻는다. 그렇기 때문에 초식 동물의 겨울잠, 털갈이, 짝짓기는 태양 에너지의 양이 많고 적어짐에 따라 일어난다.

한편 달의 주기에 따라 살아가는 동

▲ 도시 불빛에서 멀리 떨어진 곳에 가면 이처럼 밤하늘을 풍성하게 수놓은 은하수를 볼 수 있다. 은하수는 2,000억 개가 넘는 별들로 이루어진 희뿌연 띠이며, 이 별들은 모두 우리 은하계에 속해 있다.

물도 있다. 보름달의 밝기가 태양 밝기의 40만분의 1에 불과하지만, 아프리카 열대 초원에서 몰래 숨었다가 먹잇감을 덮치는 치타에게는 충분하다. 밤눈이 밝은 치타는 보름달의 환한 빛에 힘입어 먹잇감을 뒤쫓는다. 낮의 햇빛에 적응된 영양, 가젤, 혹멧돼지, 토끼는 대개 밤에 다가오는 치타를 알아보지 못한다. 발견했어도 도망치기에는 너무 늦은 경우가 많다.

또한 달의 중력은 바다에 밀물과 썰물을 일으킨다. 달빛이 없는 그믐날 밤, 남태평양의 섬나라 팔라우에서는 범프헤드비늘돔이 바닷물의 흐름이 바뀌기를 기다

▲ 보름달이 뜨면 늑대가 더 크게 울부짖는다는 것은 근거 없는 이야기다. 하지만 몇몇 야행성 동물은 달빛이 밝을수록 활발하게 움직이고, 그 밖의 다른 동물들은 안전을 위해 어두운 곳으로 몸을 숨긴다.

린다. 이때 비늘돔의 얼굴은 생식 호르몬의 영향을 받아서 하얗게 바뀐다. 썰물이 일면 암컷 비늘돔은 알을 낳고 1,000마리 이상 무리 지어 다니는 수컷 비늘돔은 빠르게 헤엄쳐 나가 알 위에 정액을 뿌린다. 썰물은 그렇게 수정된 알들을 더 멀리 바닷속으로 휩쓸어 간다.

> **이거 알아?**
>
> 살모사는 적외선을 감지할 수 있다. 눈과 콧구멍 사이에 있는 '피트 기관'으로 적외선을 감지해 따뜻한 피를 지닌 먹잇감의 위치를 알아낸다. 인간은 적외선을 보지 못한다. 그러나 물체에서 뿜어내는 열복사를 감지해 다양한 색깔로 보여 주는 열화상 카메라를 사용하면 어둠 속 동물과 사람의 위치를 찾아낼 수 있다.

인간에게 보이지 않는 빛

인간이 볼 수 있는 빛은 우주 전체 빛의 작은 부분뿐이다. 수많은 동물과 곤충, 새는 인간이 볼 수 있는 것보다 더 넓은 범위의 빛을 볼 수 있다. 인간이 보지 못하는 빛 가운데 자외선이 있다. 개미와 쥐, 도마뱀은 자외선을 볼 수 있다. 벌도 자외선을 보는데, 그 덕분에 꽃 속의 꿀이 있는 곳을 가리키는 무늬를 찾을 수 있다.

황조롱이는 맷과의 새로, 공중에서 날아다니며 땅 위의 먹이를 노린다. 황조롱이는 자외선을 볼 수 있는 시력 덕분에 땅 위의 먹잇감을 곧바로 발견하고 쫓아갈 수 있다. 황조롱이가 주로 잡아먹는 설치류는 오줌으로 영역을 표시하는데, 오줌이 자외선을 반사하기에 바로 그것을 보고 먹이를 찾아낸다. 연구자들은 인간에게 보이지 않는 빛 신호를 이용해 야생에서 살아가는 생물들을 더 많이 발견하고 있다. 하지만 빛 공해가 이 생물들에게 어떤 영향을 미치는지는 여전히 밝혀내야만 하는 숙제다.

생물이 볼 수 있게 되기까지

지구에서 생물이 진화하는 동안, 몇몇 동물은 빛을 전기 신호로 바꾸는 기본 세포를 발달시켰다. 이처럼 빛 에너지를 다른 에너지로 바꾸어 사용하게 하는 세포 기관을 '광수용기'라고 부른다.

▶ 아프리카에서 가장 찾기 힘든 큰 고양잇과 동물 가운데 하나인 흑표범은 어두운 환경에서 재빨리 적응하는 눈을 지녔다. 뛰어난 밤눈 덕분에 흑표범은 많은 동물들에게 가장 위험한 포식자가 되었다.

약 5억 5,000만 년 전, 어떤 종들은 몸의 움푹 패인 부분 또는 구멍 속에 이 광수용기들을 모아서, 빛을 감지하는 기본 기관으로 발달시켰다. 나중에 나타난 동물들은 진화된 수정체를 지니게 되었다. 수정체는 머리 부위에 있는 수용기 세포를 보호하고, 빛을

▼ 라디오파부터 감마선까지 진동수에 따른 전자기파의 스펙트럼을 나타낸 그림. 물체가 각 전자기파를 낼 때의 온도와 함께 인간이 볼 수 있는 전자기파의 범위를 보여 준다.

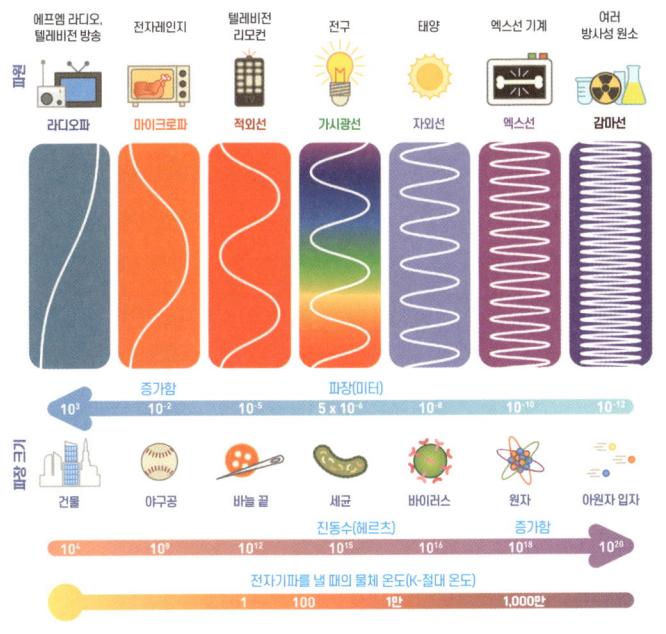

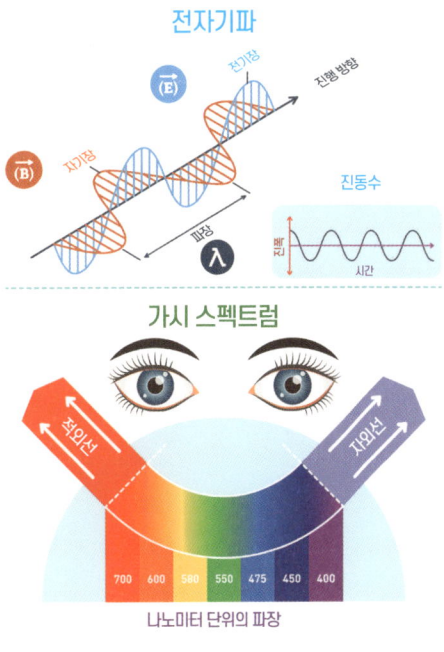

눈의 망막에 집중시켜 잘 볼 수 있게 했다.

볼 수 있는 능력을 갖춘 동물들은 지구에서 번성하게 되었다. 동물들의 눈은 사는 곳과 살아가는 방식에 알맞게 더욱 다양해졌다. 곤충은 여러 개의 수정체를 지니고 있어서 아주 작은 움직임도 알아차릴 수 있다. 또한 개구리는 어둠 속에서도 되도록 많은 빛을 모을 수 있도록 몸에 비해 아주 큰 눈을 가지고 있다. 눈이 얼마나 큰지, 개구리 머리에서 눈을 빼면 남는 자리가 거의 없을 정도다.

척추동물의 눈에는 두 가지의 광수용기가 있다. 바로 막대세포와 원뿔세포이다. 막대세포는 눈의 망막에 있는 막대 모양의 세포로 밝고 어두움을 감지하고, 원뿔세포는 빛을 받아들이고 색을 구별한다. 낮에 활발한 동물은 원뿔세포를 더 많이 갖고 있다. 원뿔세포는 총천연색의 밝은 환경에서 가장 일을 잘하기 때문이다. 그렇지만 원뿔세포가 많은 눈은 빛의 변화에 빠르게 적응하지 못한다. 반면 밤에 활발한 동물의 눈에는 주로 막대세포가 많다. 막대세포는 빛에 민감해서 동물이 아주 약한 빛에서도 잘 볼 수 있도록 돕기 때문이다.

밤은 모두에게 필요하다

어둠은 생물에게 빛만큼이나 소중하다. 특히 밤에 활동하는 동물은 어두워야 포식자에게 들키지 않고 안전하게 이동하고, 먹이를 찾고, 짝짓기 상대를 찾아 번식을 하고, 집을 지을 수 있다. 낮에

▲ 히말라야산맥에 있는 네팔 한 마을의 밤 풍경. 이렇게 외딴 마을에도 인공조명이 가득하다.

활동하는 동물에게도 밤의 어둠은 필요하다. 이런 동물들은 밤에 자면서 새로 기운을 얻기 때문이다.

식물은 동물처럼 자유롭게 움직이지는 못하지만, 빛의 변화에 무척 예민하게 반응한다. 수많은 식물이 광주기에 따라 활동한다. 광주기는 하루 중 빛을 받는 시간을 뜻한다. 가을철에 낮이 점점 짧아지고 기온이 낮아지면 식물은 잎을 떨군다. 반대로 봄철에 낮이 점점 길어지고 기온이 오르면 식물은 꽃을 피운다. 꽃이 피면 꽃가루가 암술머리에 옮겨 붙는 꽃가루받이가 일어나고, 마침내 열매가 맺힌다.

수십 년 전에 나는 히말라야산맥 기슭의 작은 산에 오른 적이 있다. 그때는 산비탈에 닿는 마을 불빛이 아주 적었다. 그 뒤 해를 서늘할수록 더 많은 불빛이 생겨났고, 숲은 줄어들었다. 이제는 골짜기와 숲까지 빛이 흘러넘친다. 표범, 퓨마, 코요테 같은 야행성 동물은 더 높고 싶은 숲속 인적 드문 곳으로 들어가 버렸다. 더 높이 가다가, 나무가 자랄 수 있는 경계선인 수목한계선에 이르러, 더 이상 갈 곳이 없게 될까 봐 걱정된다.

밤을 위해 만들어진 눈

개구리와 도롱뇽처럼 땅 위 또는 물속에서 사는 양서류 거의 대부분과 무척추동물의 절반, 그리고 포유류의 4분의 3 정도가 야행성이다. 밤에 주로 활동하는 동물이 이렇게나 많다! 이 동물들의 눈은 어둠 속에서도 잘 볼 수 있도록 수백만 년 이상 진화해 왔다. 한 예로, 올빼미는 예리한 야간 시력과 아주 발달된 청력을 함께 지녔다. 올빼미가 왜 그렇게 한곳을 계속 뚫어져라 쳐다보는 걸까? 올빼미의 눈이 너무 커서 눈구멍 속에서 움직이는 것조차 힘들기 때문이다. 그 대신 동공이 확대되므로 더 많은 빛을 모을 수 있다.

이거 알아?

순록은 겨울철에 발굽 사이로 긴 털이 한 무더기 자란다. 이 털이 신발 바닥에 대는 덧신인 스노슈즈 노릇을 해서 순록이 눈길에 미끄러지거나 눈 속에 빠지지 않게 한다. 또 순록의 눈에서는 망막 뒤의 반사판이 더 많은 빛을 망막으로 보내는데, 이 과정에서 파장이 짧은 파란색 빛이 눈 밖으로 반사되기 때문에 겨울에는 순록의 눈이 파랗게 보인다.

▲ 중앙아메리카의 코스타리카에 사는 붉은눈나무개구리는 주로 나무 위에 산다. 몸이 연두색이라 주위 환경과 어우러져 눈에 잘 띄지 않는다. 그러나 위험을 느끼면 눈알과 다리, 발에 강렬한 색을 드러내어 천적을 놀라게 한다.

야행성 영장류인 안경원숭이는 아주 적은 빛만 있어도 곤충을 볼 수 있는 큰 눈을 지녔다. 얼마나 큰지 두 눈이 두개골의 대부분을 차지할 정도다. 고양잇과 동물들을 비롯해 사슴, 소, 말 같은 발굽 동물의 망막 뒤에는 반사판이 있다. 망막을 지나 반사판에서 반사한 빛을 망막에서 한번 더 받아들이기 때문에, 반사판을 지닌 동물은 빛이 아주 적은 환경에서도 잘 볼 수 있다.

어둠은 소중해!

봄이 되어 낮이 길어지면 새들은 둥지를 짓는다. 밤이 짧아지면 새들이 짝짓기하고, 둥지를 짓고, 자기 영역을 보호할 시간이 많아진다. 새끼 새들은 밤이 길어지고 추워지기 전에 날개를 튼튼하게 만들고 스스로 살아가는 법을 배운다.

내가 네 살 때, 개똥지빠귀 두 마리가 우리 집 현관 등 위에 둥지를 지었다. 이튿날, 우체부가 우편물을 배달하러 왔을 때 개똥지빠귀들은 힘을 모아 우체부에게 달려들었다. 공포에 찬 비명 소리를 듣고, 남동생과 나는 앞쪽 창문으로 내달려가 그 대결을 지켜보았다. 싸움은 날마다 이어졌다. 결국 우체부는 더 이상 우편물을 가져다줄 수 없다고 으름장을 놓았고, 아버지는 둥지를 살며시 다른 곳에 옮겨 놓았다. 몇 년 뒤, 나는 개똥지빠귀가 철새 보호 조약에 따라 보호받는 종이라는 것과 새 둥지를 옮기는 것이 불법이라는 사실을 알게 되었다. 분명 아버지는 그런 사실을 몰랐을 것이다. 그런데 만약 알았다고 해도 어쩔 수 없었을 것 같다.

밤눈을 대신하는 갖가지 방법

어둠 속에서 앞을 잘 볼 수 없을 때에는 소리가 매우 중요해진다. 도마뱀붙이는 짝짓기 상대를 끌어 들이기 위해, 밤에 은신처 밖으로 조심스레 머리를 내밀고 울음소리를 낸다. 여우원숭이의 한 종류인 아이아이원숭이는 반향 정위로 먹이 위치를 찾아낸다. '반향 정위'는 동물이 소리나 초음파를 내어서 그 돌아오는 메아리 소리에 따라 상대와 자기 위치를 확인하는 방법이다. 아이아이원숭이는 반향 정위를 사용하는 유일한 영장류이다.

냄새를 통해 밤에 길을 찾는 동물들도 있다. 여러 동물의 입천장이나 코안에 있는 야콥손기관은 냄새 맡는 능력을 높여 준다. 많은 동물이 냄새 흔적을 이용해 서로 소통하고 영역을 표시한다. 한편 뱀은 깜깜한 땅바닥에서 미끄러지듯 나아가며 혀를 날름거리는데, 이런 행동을 하는 건 혀로 냄새를 맡을 수 있기 때문이다. 멕시코긴혀박쥐는 사막의 뜨거운 태양을 피해 밤에 나와서 선인장 꽃의 꿀을 먹고산다. 긴 관 모양의 혀로 꿀을 찾아 먹는 과정에서 꽃가루를 암술머리에 묻혀 선인장의 꽃가루받이를 돕는다. 몸에 난 감각모로 방

▲바나나 꽃에서 꿀을 빨아먹는 팔라스긴혀박쥐. 박쥐는 밤에 활동하기 때문에 고양이와 매 같은 포식자들을 피할 수 있다. 이 박쥐는 열대 지방에서 식물의 씨앗이 널리 퍼지고 꽃가루받이가 이루어지는 데 중요한 역할을 한다.

향을 찾는 동물도 있다. 거미는 몸에 난 털 덕분에 어둠을 뚫고 더듬더듬 나아갈 수 있다.

낮에 움직이고 밤에는 쉰다

포유류의 5분의 1은 낮에 더 활발하게 다니는 주행성이다. 주행성 동물은 낮 동안 먹이를 사냥하고, 집을 짓고, 자기 영역을 만들며 지낸다. 인간도 주행성이다. 낮에 공부하고, 일하고, 먹고, 놀다가 밤에 잠을 잔다.

해가 비치는 시간이 길어지고 기온이 오르는 봄에는 많은 동물이 두꺼운

▲ 귀 끝 부분이 검은 게 특징인 숲멧토끼. 겨울에는 털 색깔이 밝아진다. 숲멧토끼의 으뜸가는 방어 수단은 속력이다. 천적을 피해 최고 시속 72킬로미터까지 달릴 수 있다.

겨울털을 벗는다. 토끼처럼 주위 풀과 나무 색과 비슷하게 털 색깔을 바꾸는 동물도 있다. 한편 해가 비치는 시간이 짧아지면, 북극여우 같은 동물의 털은 하얗게 바뀌어 겨울철 눈 속에 몸을 감출 수 있게 한다. 말코손바닥사슴과 몇몇 사슴 종은 적은 먹이로 겨울을 날 수 있도록 활동량을 줄인다.

무엇보다 가장 중요한 점은, 1년 중 어느 때라도 주행성 동물에게는 어두운 밤이 필요하다는 사실이다. 밤은 포식자를 피해 보금자리에 안전하게 머무를 수 있고, 또 푹 쉴 수 있는 시간이기 때문이다.

새벽과 저녁에 움직이는 동물들

동틀 무렵과 해 질 녘에 가장 활발한 동물도 있다. 토끼, 노새사슴, 말코손바닥사슴, 들소, 페럿, 생쥐, 시궁쥐, 비버, 북아메리카수달, 굴뚝칼새, 나방과 여러 곤충들이 여기에 속한다. 아마 여러분도 모기가 해 질 무렵에 더 많이 보인다는 사실을 알고 있을 것이다.

동물은 계절에 따라 다르게 행동하기도 한다. 어떤 동물은 여름에는 주로 밤에 움직이다가 겨울이 되면 낮에 움직이며, 좋아하는 먹이가 풍부한 시기에는 평소와 달리 해 질 녘이나 동틀 무렵에 활동하기도 한다.

▼말코손바닥사슴은 새벽과 해 질 녘에 가장 활발하게 움직이고, 낮에는 주로 쉰다. 오늘날 말코손바닥사슴의 영역은 점점 줄어들고 있다. 야생 지역까지 들어와서 집을 짓고 농사를 짓는 사람들과 도로의 조명 때문이다.

별이 가득 빛나던 어느 날 저녁이었다. 우리 가족이 살던 통나무집에는 아직 수도관이 없어서 나는 식사를 한 뒤 집에서 나와 반려견 에이미와 함께 물을 뜨러 펌프로 갔다. 문을 나서서 몇 미터쯤 걸어갔을 때, 커다란 수컷 호저가 장작 창고 옆에 쌓아 둔 나무들을 갉아 먹고 있는 모습을 보았다. 녀석은 달아났지만 에이미

▲ 밤에 나온 말레이호저. 호저는 몸에 난 가시를 방어용으로 쓴다. 위협을 느꼈을 때 순식간에 가시를 곤두세우고, 포식자에게 몸이 닿으면 가시를 떨구어 버린다. 그러니까 이 녀석에게 닿지 않도록 조심하자!

는 냄새를 맡으러 달려들었고, 결국 코끝에 호저 가시가 잔뜩 박히고 말았다. 에이미는 내가 족집게로 가시를 하나하나 뽑아내는 동안 꿈쩍도 하지 않고 앉아서 꿋꿋하게 버텨 냈다. 얼마나 아팠을까! 그날 에이미는 호저도 해 질 녘에 활동한다는 사실을 뼈아프게 깨달았다.

밤에 이동하는 동물들

많은 새와 동물은 낮보다 안전한 밤에 이동한다. 그런데 어떻게 어두운 밤에 길을 찾을까? 과거의 모든 위대한 탐험가와 뱃사공처럼, 이런 동물들은 밤하늘을 나침반으로 활용한다.

어떤 별이나 별자리가 중요한 등댓불 역할을 하는지 알아내기 위해, 연구자들은 천체투영관을 사용했다. 천체투영관은 달, 태양, 별 같은 천체를 반구형 스크린에 비추어 보여 주는 시설이다. 연

▲ 해 질 무렵 망원경으로 하늘을 관찰하러 나온 아이. 인공조명은 밤하늘을 관측하려는 사람들에게 골칫거리다. 집 뒷마당이나 옥상에서 별을 살펴보는 데 방해가 되기 때문이다.

구자들은 반구형 하늘 위로 별들을 비추었다. 그렇게 해서 별들을 보이거나 안 보이게 조정하면서 실험했다. 연구자들은 북아메리카 대륙 전역을 이동하며 작은 씨앗을 즐겨 먹는 유리멧새를 실험 대상으로 삼았다. 이 새들은 날아오르기 전에 날아갈 방향을 향해 깡충깡충 뛴다. 하지만 어느 별자리를 천체투영관의 하늘에서 보이지 않게 했더니 방향 감각을 잃어버렸다. 이 실험으로 연구자들은 유리멧새가 이동하는 데 꼭 필요한 별들을 찾아냈다. 또 다른 연구에서 연구자들은 물에 뜨는 특수 천체투영관을 이용해 점박이물범이 밤 바닷물 속에서 길을 찾도록 도움을 주는 별들을 밝혀냈다.

잠자는 식물들

식물은 광합성을 거쳐 햇빛에서 에너지를 가져온다. 광합성을 하는 동안 식물은 공기 속에서 이산화탄소를 흡수하고 산소를 내보낸다. 식물이 내보내는 산소는 지구에 사는 대부분의 생물이 살아가는 데 꼭 필요하다. 식물은 태양의 에너지를 바로 영양분으로 저장한다. 그렇기 때문에 식물을 '1차 생산자'라고 부른다. 초식 동물은 에너지를 얻기 위해 식물을 먹는다. 육식 동물은 그 초식 동물을 먹고, 에너지를 얻는다. 이렇게 에너지 교환이 계속된다.

하지만 식물이 살아가는 데 오직 햇빛만 필요한 건 아니다. 식물에게는 어둠도 필요하다! 식물에게도 에너지를 이곳저곳에 운반하고 저장할 시간이 필요하다. 밤이 제때 찾아와 주지 않는다면, 식물이 잘 자라지 못해 생태계의 균형이 흔들린다. 식물이 자라지 않으면 초식 동물의 먹이가 줄어들고, 그러면 초식 동물 수가 줄어든다. 이건 육식 동물의 먹이도 줄어든다는 것을 뜻한다. 이러한 식물과 동물의 관계, 낮과 밤의 순환 주기는 수십억 년 동안 계속되어 왔다.

▲자연 보호 구역에서 생물을 관찰하는 아이들. 이런 곳에 가면 비교적 자연 그대로의 생태계를 들여다볼 수 있다. 생태계에서 생물들은 서로 먹고 먹히면서 먹이 사슬을 이룬다.

빛을 뿜어내는 생물들

여러분은 밤에 숲속을 거닐다가 반딧불이 불빛을 발견한 적이 있는가? 또는 바닷가에서 파도가 다이아몬드처럼 반짝반짝 빛을 내며 부서지는 모습을 본 적이 있는가? 우리가 지구에 살면서 경험하

이거 알아?

광산에서는 열에 쉽게 폭발하는 가스가 나온다. 그래서 19세기 유럽의 광부들은 깊고 어두운 굴 속에 들어갈 때 양초 대신 말린 생선 가죽을 가져가 벽에 붙였다. 생선 가죽에서 나오는 희미한 빛을 조명 삼아 광물을 캐냈다. 또 병 속에 반딧불이를 담아 조명으로 사용하기도 했다.

▲ 수많은 반딧불이가 빛을 내어 마법 같은 순간을 자아내는 숲길. 반딧불이는 부드러운 몸을 가진 달팽이나 진드기 같은 생물을 먹고살면서 생태계가 균형을 이루는 데 이바지한다.

게 되는 가장 마법 같은 순간들 가운데 많은 때가 발광 생물 덕분에 빚어진다. 발광 생물은 스스로 몸에서 빛을 만들어 내는 생물이다. 그런데 발광 생물은 왜 굳이 살아 있는 등불이 되는 데 귀한 에너지를 그렇게 많이 쏟아붓는 것일까? 날마다 햇빛을 이용할 수 있는데도 말이다.

사실 발광 생물이 빛을 내는 데에는 이유가 있다. 반딧불이를 환하게 만들어 주는 배 부분, 그러니까 반딧불이의 '등불'에서 나오는 빛은 짝짓기 상대를 부르는 신호다. 반딧불이는 경쟁자가 다가오면 멀리 가라는 뜻으로 두 배 더 강한 빛을 뿜어낸다. 때로는 마치 노래방의 미러볼처럼 수컷 반딧불이들이 한꺼번에 반짝인다. 이런 행동은 암컷들에게 매력을 더욱 강하게 드러내려는 행동인 것으로 추정된다. 한편 수많은 개구리와 바다 동물, 심지어 버섯도 빛을 흡수했다가 나중에 다른 파장으로 그 빛을 내보낸다.

바닷속 천연 조명

깊은 바닷속에서는 빛을 내는 바다 생물이 유일한 조명이다. 바다 생물의 4분의 3은 어둠 속에서 빛을 낸다. 해파리, 오징어, 발광어, 끈벌레, 작은 갑각류와 심지어 조개도 여기에 속한다. 몇몇 종은 이 놀라운 능력을 포식자에게 경고하는 수단으로 사용한다. 그런가 하면 빛을 내어서 짝짓기 상대를 구하는 종도 있고, 아귀처럼 먹이를 꾀어내는 종도 있다.

그런데 만약 남에게 빛을 빌려서 쓸 수 있다면 굳이 스스로 만들 필요가 없을 것이다. 하와이짧은꼬리오징어는 영리하게도 몸 아래쪽 구멍 속에 발광 세균을 저장한다. 이 발광 세균의 빛은 아래에서 올려다보면 달빛으로 환한 하늘을 배경으로 뚜렷하게 보이는 하와이짧은꼬리오징어의 검은 윤곽을 희미하게 만든다. 그래서 상어와 같은 포식자가 이 오징어를 발견하기가 어렵다. 아주

▲ 해파리는 빛을 내어 스스로를 보호한다. 그 가운데 빗해파리는 번쩍이는 밝은 빛으로 포식자들을 놀랜다. 또한 수천 개의 반짝이는 입자들을 물속으로 뿜어내, 공격자를 혼란스럽게 만들고 그 틈을 타 달아난다.

작은 바다 생물도 바닷속 빛의 향연에 참여한다. 식물 플랑크톤의 한 종류인 와편모충은 기다란 노처럼 생긴 팔로 열대 바다의 표면을 헤치며 나아갈 때 빛을 낸다. 그래서 이 생물은 '야광충'이라고 알려졌다.

이처럼 수많은 생물이 자전하는 지구의 빛과 어둠 주기에 오랫동안 적응해 살아왔다. 그런데 오늘날 인간이 만들어 낸 불빛이 땅과 바다의 민감한 생태계에 해를 입히고 있다.

2장
밤을 몰아낸 인공조명

밤에 불을 피워서 생활하던 인류가 전구를 발명한 것은 지금으로부터 약 150년 전이다. 그때부터 지구의 밤은 완전히 달라졌다. 이 장에서는 밤새도록 주위를 환하게 비추는 가로등과 자동차 전조등, 빌딩 불빛이 지구의 자연환경과 생물에게 어떤 영향을 끼치는지 살펴보자.

불에서 전구까지

인류는 약 100만 년 전 불을 다룰 줄 알게 되면서부터 밤에 불을 밝혀 왔다. 빙하 시대에 접어들어, 인류는 돌 램프를 만들었는데 동물의 지방을 연료로 삼아 동굴을 밝히는 데 사용했다. 로마인들은 꿀벌이 벌집을 만들 때 몸에서 나오는 물질인 밀랍으로 초를 만들었다. 밀랍 초는 일정한 속도로 녹기 때문에 녹은 초의 개수로 시간이 얼마나 흘렀는지 알 수 있었다.

하지만 밤의 어둠을 전에 없이 산산조각 낸 것은 150년 전 발명된 에디슨의 전구였다. 그 뒤 지구의 밤이 얼마나 크게 변했는지는 오늘날 위성 사진에서 확인할 수 있다. 인간이 만들어 낸 전등 같은 인공조명은 부유한 나라들의 여러 도

▲ 진흙으로 만든 기름 등잔은 지금도 쓰이지만, 대개는 의례나 종교 의식을 위한 것이다. 고대 지중해 지역에서 가장 흔히 쓰인 기름은 올리브기름이다. 기름 등잔 속 심지는 리넨이나 파피루스로 만들었다.

▲ 밤에 불이 환하게 켜진 건물들은 전력을 지나치게 쓰는 바람에 공기 속에 이산화탄소를 엄청나게 내보낸다. 게다가 건물에서 나오는 빛은 도시 사람들이 밤하늘의 별을 제대로 관측하지 못하게 방해한다.

시와 마을, 도로를 훤히 밝혀 준다. 미국 로스앤젤레스의 번쩍거리는 빛이 145킬로미터 떨어진 곳의 밤하늘에서 보일 정도로 밝다. 인공조명은 밤에 지구 곳곳의 야생 지역에 천천히 스며들고 있다.

빛에 대한 불편한 진실

빛은 그다지 위험해 보이지 않는다. 독성 화학 물질, 기름 유출, 해로운 가스가 일으키는 오염에 비하면 말이다. 그런데 지구에 사는 동물과 식물은

이거 알아?

세계 인구의 대다수가 빛 공해에 시달리고 있다. 북아메리카에 사는 사람의 5분의 4는 밤하늘에서 은하수를 볼 수 없다.

▲ 도시의 밤 풍경을 찍은 사진. 인공조명이 얼마나 도시를 구석구석 밝히고 있는지 한눈에 볼 수 있다. 세계 어디든 도시에 사는 사람들이 자연 그대로의 밤하늘을 보기는 어려워졌다.

깨끗한 공기와 흙, 물뿐만 아니라 어둠 또한 필요로 한다. 오늘날 밤에도 잠들지 않고 훤히 불을 밝힌 도시가 세계 곳곳에서 빠르게 영역을 넓혀 가고 있다. 앞으로 30년 뒤면 지구에서 도시가 차지하는 면적은 두 배로 늘어난다고 한다. 현재 지구의 땅 가운데 거의 4분의 1이 밤에 인공조명을 밝히고 있다.

위태로운 밤하늘

별, 별자리, 심지어 은하수까지도 도시 사람들의 시야에서 조금씩 희미해지고 있다. 어쩌면 미래 세대는 반짝이는 밤하늘을 올려다보며, 수십억 광년 떨어진 은하를 보고 있다는 경이로움을 영영 느낄 수 없을지도 모른다.

천문대는 문을 닫고, 거기에 있던 망원경은 도시 불빛을 피해 외딴 곳으로 옮겨지고 있다. 미국의 아마추어 천문학자인 존 보틀은 밤하늘의 밝기 상태를 9단계로 분류했다. 1단계는 자연 그대로 어두운 밤하늘이고, 9단계는 어둠이 옅어진 도심의 밤하늘이다. 가로등, 현금 자동 입출금기, 광고판, 방범등, 건물에서 흘러나오는 온갖 빛들이 도시 사람들에게서 밤을 빼앗아 가고 있다. 그리고 야생 생물들은 그 빛 속에 꼼짝없이 갇혀 버렸다.

빛 공해를 가리키는 용어

인공조명은 인간과 생태계 모두에 문제를 일으킨다. 이러한 문제를 나타내는 여러 용어를 살펴보자.

눈부심

강한 빛 때문에 앞을 잘 볼 수 없게 되는 현상을 말한다. 여러분도 다가오는 자동차 불빛 때문에 잠깐 앞이 안 보인 적이 있을 것이다. 자동차 불빛은 인간뿐 아니라 동물도 앞을 볼 수 없게 만든다. 가로등처럼 건물 바깥에 설치된 모든 등도 눈부심을 일으킨다.

▲ 네온사인과 대형 광고판에서 흘러나온 불빛으로 알록달록 물든 일본 도쿄의 밤거리. 비에 젖은 땅바닥에 반사된 불빛을 보면 눈부심이 얼마나 심한지 알 수 있다.

▲ 작은 마을의 인공조명이 주변 사막 하늘 위로 퍼져 있다. 이런 사막 지역은 낮에 기온이 너무 높아 대부분의 동물이 밤에 움직인다.

침입광

집 안으로 들어오는 가로등 불빛이나 야생 지역까지 밝히는 도로 불빛처럼 뜻하지 않은 곳으로 새어 나가는 빛을 말한다. 침입광은 너무 밝은 전등을 사용하거나 조명등이 잘못된 방향으로 설치되었을 때 생겨난다.

스카이글로

도시의 지나치게 밝은 인공조명 때문에 밤하늘이 밝게 보이는 현상이다. 이 현상은 도시에서 수백 미터 떨어진 곳에서도 나타나 밤하늘을 제대로 관측할 수 없게 만든다. 미국 시애틀이나 영국 런던처럼 날씨가 자주 흐린 대도시 주변에서는, 하늘을 덮은 구름층이 도시 불빛을 도로 지면으로 반사시켜 이 현상이 더 심해진다.

공해를 일으키는 빛

빛은 뜻밖의 오염원이다. 어떤 동물을 끌어 들이는가 하면, 또 다른 동물은 내쫓는다. 몇몇 박쥐는 천연 서식지에 새어 든 불빛을 피하다 보니 갈수록 먹이를 잡을 만한 지역이 좁아진다. 박쥐는 본디 식물의 꽃가루받이를 돕는데, 박쥐 수가 줄어들면서 박쥐의 먹이인 곤충 수는 늘어나고 식물은 줄어들게 된다. 빛에 이끌리

▲ 미국 로스앤젤레스의 휘황찬란한 불빛을 뒤로하고 어슬렁거리는 퓨마. 흔히 해 뜰 무렵과 해 질 녘에 사냥하지만, 주거 지역 근처에 사는 퓨마는 사람들을 피해 밤에 먹이를 찾아 나선다.

는 곤충의 습성을 이용해, 이런 곤충을 잡아먹고 사는 박쥐들도 있다. 한편 개구리와 두꺼비 같은 양서류는 서식지인 습지가 줄어들어 이미 위험한 상태에 놓여 있다. 그런데 양서류는 빛에 몹시 예민하다. 여러 연구에 따르면, 밝은 빛이 새어 들 때 수컷 청개구리들이 암컷을 찾느라 우렁차게 울어 대는 소리가 순식간에 조용해진다고 한다.

오늘날 도시 주변의 흐린 날 밤하늘은 200년 전보다 수천 배는 밝을 것이다. 이것은 인류가 자연환경에 일으킨 가장 커다란 변화 가운데 하나다. 최근 미국 중서부 지역에 사는 퓨마와 먹이인 노새사슴 사이의 균형이 인공조명 탓에 크게 깨지고 있다. 노새사슴이 인공조명으로 밝아진 곳에 난 풀을 먹으러 가면, 퓨마가 어두컴컴한 곳에서 도사리고 있다가 잽싸게 사슴을 덮친다.

철새들의 떼죽음을 부른다

많은 새들은 밤에 이동한다. 밤에는 포식자가 별로 없고 바람이 잠잠하기 때문이다. 이처럼 밤에 이동하는 철새에게 인공조명은 아주 위험하다. 무리를 지어 날던 철새들이 환하게 불 켜진 고층

▼ 유리창에 부딪치는 새. 이런 일은 밤낮 가리지 않고 일어난다. 새들이 낮 동안 유리창에 비치는 풍경을 실제로 착각하기 때문이다. 새들은 부딪치고 나서야 유리를 벽으로 느낀다.

빌딩에 이끌릴 수 있기 때문이다. 수많은 철새가 빌딩이나 조명으로 빛나는 구조물에 부딪쳐 떼죽음을 당해 왔다. 특히 어린 새들은 밤에 도시를 밝히는 미로 같은 빛에서 길을 잃기 쉽다.

도시에서뿐만 아니라 자연 생태계에서도 새들은 빛에 이끌린다. 캐나다 윈저대학교에서 한 소리 녹음 실험에 따르면, 인공조명을 켜지 않은 지역에서보다 켠 지역에서 철새 울음소리가 세 배 더 많이 들린다고 한다. 철새들이 빛에 사로잡혀 버리는 것이다. 특

▲ 밤에도 너무 밝게 불을 켜 놓은 빌딩들. 인공조명은 철새를 자석처럼 끌어 들인다. 도시의 빌딩 숲 안에 들어온 수많은 새들이 그곳을 빠져나가는 데 어려움을 겪는다.

히 달과 별이 보이지 않는, 구름이 낮게 깔린 밤에 더 잘 이끌린다. 이처럼 철새가 빛 때문에 본디 가던 길에서 벗어나면 번식할 곳이나 겨울을 보낼 곳에 늦게 도착하게 되고, 수명도 짧아질 수 있다.

북아메리카에서 철새 수백 종이 이동하는 길에 캐나다 토론토와 미국 뉴욕 같은 대도시들이 있다. 철새들이 한창 이동하는 때에는 한 시간에 수만 마리가 도시의 하늘 위를 지나간다. 이 가운데 몸집 작은 검은머리솔새가 있다. 이 새는 남아메리카 대륙에서

이거 알아?

북아메리카 대륙에서는 해마다 약 3억에서 10억 마리의 새가 빌딩이나 다른 구조물에 부딪쳐 죽는다. 이 가운데 송신탑 때문에 죽는 새만 700만 마리에 이른다. 이렇게 죽는 새들은 대개 이동하던 철새다.

▲ 캐나다 캘거리 도심의 동틀 녘 풍경. 기러기 떼가 줄을 지어 날아가고 있다. 오늘날 도시 빌딩 표면의 절반 이상이 유리로 되어 있다. 1970년 무렵부터 오늘날까지 캐나다와 미국에 사는 새들의 수가 약 30억 마리 줄었다.

▲ 유리로 된 문과 창에 새와 나비 모양 스티커를 붙인 오스트레일리아 브리즈번의 한 창고. 여러 연구 결과에 따르면, 스티커나 특수 필름지를 유리창에 붙이는 것이 새 충돌 사고를 줄일 수 있다고 한다.

북아메리카 북쪽 끝에 있는 알래스카까지 무려 8,000킬로미터를 이동한다. 철새들은 몸속에 모아 둔 지방이 아주 조금 남거나 거의 바닥난 채로 중간 지점에 닿는다. 지친 철새들에게 건물 옥상은 쉼터로 보여서 그냥 지나치기가 어렵다. 하지만 새들이 옥상을 향해 날아오르자마자 풍경이 반사된 유리 때문에 큰 혼란에 빠지고 만다.

이런 일을 막으려면, 불 켜진 건물의

창에 덧문이나 차양을 설치하면 된다. 이렇게 하면 이동하는 철새들이 헷갈리는 일을 줄일 수 있다. 미국과 캐나다의 비영리 조류 보호 단체들은 불 켜진 구조물이 새들에게 얼마나 위험한지를 알리고 있다. 이 단체들은 도시에서 계속 벌어지는 새 충돌 사고를 막으려는 여러 연구를 돕는다.

혼란스러워진 새들의 시간표

아침저녁마다 지저귀는 새들은 본디 해가 뜨고 짐에 따라 노래한다. 여러 연구 결과에 따르면, 빛 공해 때문에 많은 새가 전보다 더 이른 아침에 노래를 시작하고 더 늦은 밤까지 합창한다고 한다. 심지어 인공조명 탓에 혼란스러워 밤새도록 지저귀는 새들도 있다고 한다. 밤을 환하게 밝히는 조명은 몇몇 새가 제때 해야만 하는 일을 못 하게 막고, 가을에 때늦은 번식을 하도록 만든다. 기온이 빠르게 떨어지고 먹이가 줄어드는 환경은 연약한 새끼 새들의 목숨을 위협한다.

한편 인공조명 가까이에 둥지를 튼 새는 너무 이른 봄에 새끼를 낳는다. 이렇게 일찍 태어난 새끼 새도 목숨이 위태롭기는 마찬가지다. 안타깝게도, 빛 공해가 심각해지는 오늘날

▲ 가로등 불빛으로 환한 도시의 밤거리. 이처럼 수많은 조명 기기가 도시 곳곳을 밤새도록 비춘다. 지나친 빛은 인간과 야생 생물의 시각에 문제를 일으킨다.

에는 '일찍 일어나는 새가 벌레를 잡아먹는다.'라는 말이 꼭 맞는 건 아니다.

빛의 덫에 걸리는 곤충들

여름밤 가족이나 친구들과 시원한 데로 나가서 노는 걸 싫어하는 사람이 있을까? 물론 벌레가 없다면, 특히 전등 근처에 맴돌다가 음료수와 음식 속으로 떨어지는 나방이나 하루살이가 없다면 더 좋겠지만 말이다. '주광성'이란 생물이 빛에 모이거나 피하거나 하는 습성을 일컫는다. 나방은 밝은 빛에 이끌리는 양의 주광성을 지닌 곤충이다.

지난 몇백만 년 동안 태양과 달은 곤충들의 앞길을 비추며 길잡이 역할을 해 왔다. 하지만 인공조명이 사방을 밝히는 바람에, 곤충들은 전에 다니던 길로 날아가지 못하게 되었다. 빛의 덫에 걸려든 곤충은 한자리에서 원을 그리며 날다가, 결국 에너지를 다 쓰고 죽는다. 이것은 박쥐와 새, 개구리에게 귀한 먹이가 사라지는 것을 뜻한다. 인공조명은 장벽이나 도로의 가드레일처럼 곤충이 사는 곳을 제한하기도 한다. 수컷 반딧불이는

▲가로등 불빛에 몰려든 곤충. 여러 연구 결과에 따르면, 인공조명 때문에 곤충 수가 걱정스러울 만큼 줄어들었다고 한다. 이것은 먹이 사슬을 무너뜨리고, 곤충으로 단백질을 섭취하는 생물들의 목숨을 위태롭게 한다.

짝짓기 상대에게 보여 주려고 자기 배에서 빛을 낸다. 현관등, 가로등, 자동차 전조등은 수컷 반딧불이의 짝짓기를 방해하는 경쟁자들인 셈이다.

차량 불빛에 눈이 머는 포유동물

밤을 밝히는 인공조명은 야행성 포유동물이 포식자의 눈에 잘 띄게 만들고, 먹이를 먹거나 짝짓기하는 것을 망설이게 한다. 야행성 포유동물의 눈은 적은 빛도 받아들이는 막대세포가 풍부하여, 갑자기 밝은 빛을 받으면 잠깐 동안 앞을 보지 못한다. 그래서 전조등을 번쩍거리며 다가오는 차량을 피하지 못하고 부딪쳐 죽고

▼ 새끼 왈라비를 돌보는 오스트레일리아의 한 여자아이. 빛 공해는 이처럼 어린 유대목 동물이 제때 먹어야 하는 먹이를 사라지게 함으로써 제대로 성장하지 못하게 한다.

만다. 유럽에서는 해마다 2,900만 마리가 넘는 포유동물이 이렇게 죽는다. 이런 사고는 거의 해 질 녘과 동틀 때 일어난다.

생태계로 흘러 들어온 인공조명은 포유동물의 생체 시계를 어지럽히기도 한다. 생체 시계는 동물의 신체 리듬을 조절하는 것으로, 원래는 햇빛을 기준으로 주기가 정해진다. 멜라토닌은 포유동물의 수면 패턴과 번식 활동을 조절하는 호르몬으로, 어두워야 몸에서 나온다. 밤을 밝히는 인공조명은 포유동물 몸속의 멜라토닌 양을 줄인다. 왈라비는 캥거루처럼 암컷이 아기 주머니에 새끼를 넣어 기르는 유대목 포유류인데, 인공조명 탓에 번식하는 주기가 크게 달라졌다. 암컷이 새끼를 낳는 일이 한 달이나 늦어지고 있다. 그 때문에 새끼는 다 자라도 몸집이 아주 작고, 겨울잠 자는 기술도 제대로 터득하지 못한 채 겨울을 맞이하게 된다.

박쥐의 사냥을 방해한다

곤충을 먹는 대부분의 박쥐들은 곤충이 많이 나타나는 밤에 사냥을 한다. 그런데 박쥐는 습관을 따르는 동물이어서, 사냥 장소로 갈 때면 마치 출퇴근 경로처럼 정해진 길로만 다닌다. 이때 줄지어 늘어선 가로등은 박쥐에게 빛으로 된 높은 벽을 만들어 준다. 박쥐는 빛 때문에 잘 안 보이는 포식자에게 제 몸이 드러날까 봐 두려워 가로등이 환히 켜진 길을 건너지 못한다.

또한 인공조명은 겨울잠을 자는 박쥐의 어두컴컴한 은신처로 파고들어 잠을 방해한다. 잠을 제대로 못 잔 박쥐는 추운 계절을 견

▲박쥐 떼는 해 질 녘과 밤에 사냥을 하고 먹이를 찾아 먹는다. 아무리 약한 빛이라도 갈색박쥐의 서식지에 영향을 줄 수 있다. 그 영향은 박쥐와 연관된 곤충의 개체 수 변화로 이어진다.

며 내기가 힘들어진다. 인공조명은 빛에 민감한 박쥐의 눈이 잘 안 보이게 해서, 박쥐가 평소보다 늦게 은신처에서 나오도록 만들기도 한다. 그러면 먹이를 찾을 수 있는 시간이 줄어들어, 결국 박쥐 무리의 목숨이 위태로워지고, 생태계 균형이 망가지게 된다. 물론 모든 박쥐가 빛을 피하는 건 아니다. 밤에 가로등 불빛 둘레를 맴돌며, 불빛에 몰려든 곤충을 마구 잡아먹는 박쥐도 있다. 갈색박쥐는 시간당 1,200마리까지 곤충을 잡아먹을 수 있다고 알려져 있다.

개구리의 짝짓기를 방해한다

개구리와 두꺼비, 도롱뇽 같은 양서류는 그날 먹을 만큼의 곤충을 대체로 밤에 먹어 치운다. 많은 양서류가 자연적으로 형광색을 띠는데, 특정한 파장의 빛을 쬐면 초록색으로 빛난다. 그런데 가로등 하나가 내는 빛은 달빛보다 500배나 밝아서, 양서류를 수리매와 같은 포식자의 눈에 더 잘 띄게 만든다. 지나가는 차량의 전조등은 달빛보다 최대 1만 배 더 밝아서, 양서류의 눈을 잠시 멀게 만들 수 있다. 그렇게 되면 양서류는 빠르게 움직이는 곤충을 잡을 수 없고, 자기를 향해 달려오는 차량을 피할 수도 없게 된다.

▲ 여러 연구 결과에 따르면, 미국두꺼비의 사망률은 인공조명이 설치된 도로에서 늘어난다고 한다. 종에 따라 차이가 있지만, 두꺼비를 비롯한 양서류는 대부분 빛에 이끌린다.

여러 연구 결과에 따르면, 빛 공해가 양서류의 삶에 영향을 끼친다고 한다. 인공조명은 어린 미국두꺼비의 성장을 늦춘다. 수컷 청개구리는 짝짓기 상대를 부르는 소리를 덜 내게 되었고, 그 결과 울음소리로 짝짓기 상대를 고르는 암컷에게 덜 매력적이게 되어 버렸다. 또한 멜라토닌 양이 줄어들어, 개구리들이 주위 환경에 뒤섞이기 위해 몸 색깔을 바꾸고 온도 변화에 적응하는 일이 더욱 힘들어졌다.

식물이 웃자란다

식물은 낮의 길이로 계절 변화를 알아차린다. 여러분은 밤에 빛이 많아지면 식물과 같은 광합성 생물에게 더 좋을 거라고 생각할지도 모르겠다. 하지만 잘못된 생각이다. 인공조명은 대체로 식물이 광합성을 하는 데 필요한 밝기보다 약한 빛을 낸다. 인공조명은 식물로 하여금 더 큰 잎을 내도록 부추긴다. 그런데 잎이 클수록 숨을 쉬고 수분을 내뿜는 잎 표면의 구멍이 더 많아지고, 더 오래 열려 있게 된다. 이런 변화는 공기가 오염되고 물이 부족한 도시에서 식물이 잘 살아가기 어렵게 만든다.

미국 뉴욕에서 이뤄진 연구에 따르면, 도시의 조명 탓에 낙엽이 떨어지는 시기가 한 달이나 늦춰질 수 있다고 한다. 나무에 아직 잎이 달려 있는데 이른 추위가 찾아오면, 나무는 큰 피해를 입는다. 또한 인공조명 가까이에서 자라는 나무는 봄에 일찍 꽃을 피우기도 한다. 이렇게 너무 일찍 꽃을 피운 나무는 서리 때문에 꽃이 시들어 열매를 맺지 못한다.

빛을 건강하게 받으려면

세계 인구의 80퍼센트는 밤하늘을 밝히는 인공조명 아래에서 살아간다. 인공조명은 인간의 건강에 어떤 영향을 끼칠까? 우리 눈에서 빛을 감지하는 세포들은 자극에 매우 민감하다. 이 세포들

이거 알아?

자동차 배기가스나 공장 연기가 뒤섞여 안개처럼 된 상태를 '스모그'라고 한다. 스모그로 나빠진 공기를 다시 깨끗하게 만드는 화학 반응은 어두울 때 일어난다. 미국에서 이뤄진 한 연구에 따르면, 빛 공해가 이런 화학 반응이 일어나지 못하게 막는다고 한다. 그렇게 되면 공기 오염이 더욱 심해진다.

▲ 오늘날 대부분의 도시는 24시간 쉴 새 없이 돌아가며, 인간이 활동하는 데에는 거의 언제나 빛이 필요하다. 하지만 전자 기기와 가로등은 우리 건강에 어떤 영향을 끼칠까?

은 뇌에 신호를 주어서, 몸에 여러 가지 반응을 일으킨다. 멜라토닌을 예로 들어 보자. 다른 포유동물과 마찬가지로 인간은 밤에 빛을 받으면 몸속에서 나오는 멜라토닌 양이 줄어든다. 멜라토닌이 덜 나오면 특히 아이들에게 지나친 감정 변화와 불안을 가져올 수 있다.

여러분은 우리 몸속에 시계가 있다는 사실을 알고 있는가? 이 생체 시계는 하루 24시간 내내 작동하며, 우리가 제때 자고 먹고 활동하도록 돕는다. 이 중요한 생체 시계가 밤에 비추는 인공조명 때문에 방해를 받고 있다. 엘이디 조명은 에너지 소비를 크게 줄여 주었지만, 단점도 있다. 사람이 눈으로 볼 수 있는 빛의 스펙트럼 가운데 파장이 가장 짧은 파란색 빛을 낸다는 점이다. '블루 라이트'라고 불리는 이 빛은 예전에 쓰던 백열전구의 노란색 스펙트럼 빛보다 훨씬 더 강력하게 멜라토닌 분비를 억누른다. 블루 라이트는 스마트폰, 태블릿, 컴퓨터 화면에서도 나온다. 그래서 전문가들은 밤에 이런 전자 기기의 사용을 줄이라고 말한다. 또한 몇몇 기기에는 밤에 블루 라이트를 막는 소프트웨어가 설치되어 있기도 하다.

어둠은 소중해!

고등학교에 다닐 때 나는 친구들과 함께 겨울 방학 동안 우체국에서 야간 교대 근무를 했다. 밀려드는 카드와 선물 탓에 우체국 직원들을 도울 일손이 필요했기 때문이다. 친구들과 밤새 일하고 동틀 무렵에 퇴근할 때면 기분이 이상했다. 지금은 야간 교대 근무가 건강에 해롭다는 사실을 알지만, 그때는 몰랐다. 최근 이뤄진 몇몇 연구에 따르면, 4년 이상 야간 근무를 하면 암에 걸릴 가능성이 높아진다고 한다. 특히 여성은 유방암에 걸릴 확률이 높아진다고 한다. 멜라토닌은 몸에 종양이 자라는 걸 멈추게 하는데, 어둠이 부족하면 멜라토닌이 덜 나오기 때문이다. 국제 암 연구 기관은 야간 교대 근무가 암을 일으킬 수 있다고 결론 내렸다.

상점에서 24시간 영업한다는 걸 알리는 표시. 쉴 새 없이 돌아가는 도시에서는 낮과 밤이 따로 없다. 오늘날 수많은 도시의 상점은 밤에도 깨어 활동하는 사람들을 위해 온종일 음식과 물건을 판다.

▲ 엘이디 화면에서 나오는 블루 라이트를 고스란히 받으며 캄캄한 곳에서 전자 기기를 사용하는 사람들을 요즘 흔히 볼 수 있다. 블루 라이트가 우리 몸의 성장과 건강에 끼치는 영향을 정확히 밝혀내려면 더 많은 연구가 필요하다.

연구자들은 야간 조명과 만성 질환, 특히 암이나 비만 같은 병이 어떤 관계가 있는지 알아보고 있다. 여러분은 밤에 자주 스마트폰이나 태블릿, 또는 컴퓨터 화면을 들여다보는가? 만약 그렇다면 그런 행동이 여러분 건강에 어떤 영향을 끼치는지 생각해 본 적이 있는가? 보도에 따르면, 코로나19 바이러스가 유행하는 동안 수많은 사람이 집 안에 머물러야 했던 탓에 스마트폰 사용 시간이 늘어났다고 한다. 딱 일주일만 밤에 전자 기기의 화면을 들여다보지 말자. 그리고 얼마나 오래, 깊게 잤는지 살펴보자.

빛 공해는 땅 위에 사는 생물만의 문제가 아니다. 강과 호수, 바다도 빛에 민감하다. 빛이 물의 표면을 쉽게 통과하기 때문이다. 도시의 인공조명과 낚싯배, 석유 굴착 장치, 그리고 얼어붙은 바다나 강의 얼음을 깨뜨려 부수고 뱃길을 내는 쇄빙선이 내는 빛은 육지와 가까운 바다 밑바닥부터 멸종 위기에 놓인 산호초까지, 해양 생태계의 균형을 깨트리고 어지럽힌다.

3장
밤바다가 위험하다

도시 불빛과 인공조명은 바다와 강, 호수에도 파고든다. 캄캄한 밤바다를 은은하게 비추는 달빛에 오랫동안 적응해 살아온 바다 생물에게 인공조명은 재앙과 다름없다. 이 장에서는 인간이 일으키는 빛 공해가 물속 생물들에게 어떤 영향을 끼치는지, 이들에게 왜 자연 그대로의 밤이 필요한지 알아보자.

바다에도 밤이 필요하다

바다 생태계는 땅 위의 생태계와 아주 다르게 짜여 있다. 빛은 바다 표면 가까이에 있는 표층에 닿는다. 광합성이 일어나는 표층에는 식물성 플랑크톤과 해조류를 비롯한 여러 바다 생물이 살고 있다. 이 생물들은 80미터 아래 어두컴컴한 바닷속에 사는 생물들에게 먹이와 에너지를 공급한다. 또한 광합성으로 공기 속 이산화탄소를 흡수하고, 산소를 만들어 낸다. 이들이 만들어 내는 산소의 양은 지구 전체 대기 중 산소의 절반을 차지한다.

밤이면 동물성 플랑크톤이 표층의 식물성 플랑크톤을 먹기 위해 올라온다. 다양한 크기의 물고기, 오징어, 수염고래 등이 저보다 작은 생물을 잡아먹으러 올라온다. 이 엄청난 수직

▲ 바닷속 산호초와 곤봉말미잘. 산호초는 대개 얕은 바닷가에서 볼 수 있지만, 해안 개발로 넘쳐 나는 불빛 탓에 사라질 위기에 놓였다.

이동은 이들이 다시 바닷속 깊은 데로 내려가는 새벽이 되어야 끝난다.

도시 불빛은 종종 수백 킬로미터 멀리에 있는 바다에까지 뻗어 간다. 세계에서 가장 큰 도시들의 4분의 3이 바닷가에 있다. 바닷가의 인공조명 또한 육지와 가까운 얕은 바다의 밑바닥을 따라 퍼진다.

여러 매체의 보도에 따르면 멍게와 갯지렁이처럼 바다 밑바닥에 사는 생물들이 불빛이 비치는 바닷가로부터 멀리 떠나고 있다고 한다. 연어도 환하게 불 켜진 바닷가 근처에서 전과 다른 행동을 보이고 있다. 어린 연어는 본디 포식자를 피해 바닷가 근처로 가서 먹이를 잡아먹고 이동한다. 그런데 연어들이 바닷가 불빛에 이끌리는 바람에, 이 사실을 알아차린 포식자들에게 많이 잡아먹히고 말았다. 그 탓에 연어 수가 크게 줄어들고 있다.

새끼 바다거북을 헷갈리게 하는 바닷가 조명

바다거북에는 일곱 개의 종이 있는데, 이 모든 종의 암컷들은 자기가 태어난 바닷가에 알을 낳기 위해 수천 킬로미터를 이동한다. 암컷들은 캄캄한 바다에서 기어 나와, 어둠에 몸을 감춘 채 모래 속에 알을 낳은 다음 바다로 돌아간다. 얼마 지나지 않아 새끼 바다거북들이 알을 깨고 나와서, 부랴부랴 바다를 향해 나아간다. 도대체 이 새끼 바다거북들은 어디로 가야 하는지를 어떻게 아는 걸까?

예전에는 새끼 바다거북이 반짝이는 바닷물에 이끌린다고 알려졌는데, 최근 연구는 이와 달리 바다의 캄캄함에 이끌린다는 사실을 밝혀냈다. 바닷가에 설치된 조명은 갓 태어난 새끼 바다거북들을 헷갈리게 만들고, 매와 갈매기 같은 포식자에게 쉽게 잡아먹히도록 만든다. 수많은 새끼 바다거북이 가로등, 자동차, 광고판, 빌딩과 가정집에서 나온 빛 때문에 방향을 잃고 도로를 헤매다 차량에 치이고 만다. 바닷가 청소를 목적으로 모래 언덕에 난 사초와 풀 같은 식물을 뽑는 것도 새끼 바다거북에게 해로울 뿐이다. 풀은 빛과 빛을 반사하는 표면으로부터 바다거북을 지켜 주는 천연 방패 역할을 하기 때문이다.

▲ 중남미의 코스타리카 바닷가에서 바다로 나아가는 새끼 바다거북들. 새끼 거북은 알을 깨고 나오자마자 바다로 열심히 나아간다. 바다에 닿으면 힘껏 헤엄쳐, 바다 쪽으로 흐르는 물결에 몸을 싣고 더 안전한 바닷속으로 들어간다. 다만 거기까지 이르러 살아남는 바다거북은 1,000마리 가운데 한 마리뿐이다.

달빛을 받아야 산다

산호초는 햇빛뿐만 아니라 달빛 아래에서도 활발하게 움직인다. 해면동물, 말미잘, 편형동물, 흰동가리, 비늘돔, 쏨뱅이, 불가사리, 해삼, 오징어, 바다달팽이, 상어, 가오리는 모두 산호초가 마련해 주는 먹을거리 가득한 식당에서 배를 채운다. 산호와 공생 관계에 있는 작은 해조류인 황록공생조류는 보금자리를 제공받는 대가로 산호에게 산소와 먹이를 공급한다.

여러 연구 결과에 따르면, 달의 주기가 산호초의 건강 상태에 중요한 역할을 한다고 한다. 그런데 오늘날 바닷가의 인공조명은 산호가 달빛을 받는 데 방해가 된다. 밤에 조명이 켜져 있으면 산호 속에서 사는 해조류의 수가 줄어든다. 환경 보호 활동가들은 바닷가 인공조명이 산호초에 사는 다른

이거 알아?

갓을 씌운 조명에서 흘러나오는 따뜻한 느낌의 노란색 또는 붉은색 전구 불빛은 바다거북에게 덜 해롭다. 이런 조명은 은은한 빛이 땅을 향하도록 되어 있기 때문에, 이제 막 태어난 바다거북이 캄캄한 바닷속에서 보금자리를 찾는 데 방해가 덜 된다.

▼ 아크로포라 산호가 알을 낳는 모습. 이 산호는 1년에 딱 한 번 낮의 길이, 밀물과 썰물의 높이, 물의 온도가 가장 알맞을 때 알을 낳는다. 달의 주기 중 보름달이 뜨는 시기에 작디작은 난자와 정자를 무더기로 내보낸다.

생물들의 생활 주기에도 나쁜 영향을 끼칠까 봐 걱정한다. 한 실험에서 산호초에 사는 흰동가리의 알들에 약한 빛을 쬐었더니, 알을 깨고 나온 새끼들 가운데 단 한 마리도 살아남지 못했다.

바닷새를 죽음으로 끌어 들이는 인공조명

여러분은 엄청나게 밝은 빛을 쏘아 대며, 바위투성이의 해안선에 다가가는 선박들에 경고하는 등대를 본 적 있는가? 바다 밑바닥에 구멍을 뚫어 석유를 끌어 올리는 석유시추선과 고기잡이배도 아주 밝은 빛을 낸다. 이 모든 빛은 어마어마한 수의 물고기와 바닷새를 끌어 들인다. 수많은 새가 환하게 불 켜진 구조물에 부딪쳐 떼죽음을 당한다. 이런 일은 대개 날씨가 흐리거나 초승달이 떠서 달빛이 거의 없을 때, 철새가 한창 이동하는 기간에 벌어졌다. 몇 년 전에는 빙산을 탐지하느라고 엄청나게 강한 조명을 켠 탐사선에 1,000마리 가까운 바닷새가 부딪히는 사고가 일어났다. 이때 약 200마리의 새가 죽었다. 또 날씨가 무척 나쁜 날 불이 환하게 켜진 고기잡이배 갑판 위로 새 6,000여 마리가 내

▲인간이 바다에서 방향을 찾는 데 도움이 되도록 만든 등대는 엄청난 수의 새들을 죽게 만든다. 이런 일은 특히 구름 낀 날씨에 자주 벌어진다. 한 연구에 따르면 이동하는 바닷새들은 깜빡이는 빛보다 일정한 밝기로 한곳을 집중적으로 밝히는 빛에 이끌린다고 한다.

려앉는 일도 있었다. 새들의 무게가 1톤이 넘었으므로 배는 거의 가라앉게 되었다.

석유시추선은 저장하고 남은 가스를 태우는데, 이때 불길이 공중으로 20미터까지 솟아오른다. 많은 바닷새들은 오징어처럼 빛을 내는 발광 생물을 먹고살기 때문에 불빛을 보면 먹이인가 싶

어둠은 소중해!

미국 플로리다주에 사는 재커리 와이스햄펄이라는 열여섯 살 남자아이는 바닷가 조명과 바다거북의 관계에 호기심을 가졌다. 재커리는 생물학과 교수인 아버지의 도움으로 1992년부터 2012년까지 바닷가 조명에 대한 연간 기록과 위성 사진을 살펴보았다. 그 기간 동안 플로리다주 해변이 밤에 더 어두워졌다는 걸 알게 되었다. 인구가 500만 명 이상 더 늘어났는데도 말이다. 그 까닭은 주 정부의 조명 제한 규정에 있었다. 주 정부는 정해진 시간이면 바닷가 조명이 꺼지도록 했고, 조명에 파장이 긴 귤색 전구를 끼우고 둘레에는 갓을 씌웠다.

재커리와 아버지는 바다거북이 나타나는 지역 가운데 거의 250군데에 이르는 곳에서 땅에 구덩이를 파고 알을 낳는 암컷 수가 늘어났다는 것을 발견했다. 바닷가 조명 제한은 바다거북 말고도 다른 생물들에게도 도움이 되었다. 조명 제한이 실제로 효과가 있었던 것이다! 과학자들은 빛 공해가 육지에서 가까운 바다 밑바닥에 사는 게, 따개비, 홍합에 미치는 영향을 연구하고 있다. 또한 빛 공해가 바닷가의 조류와 무척추동물에게 어떤 영향을 끼치는지도 조사하고 있다.

미국 플로리다주 바닷가 도로에 세워진 표지판. 새끼 바다거북들이 바다로 가는 길을 잘 찾을 수 있도록 밤에 가로등을 켜지 않는다는 사실을 알리고 있다.

어 몰려든다. 수많은 새가 이 불길에 이끌려 날아들었다가 타 죽는다. 또는 나방처럼 빛 주위를 맴돌다가 결국 지쳐서 그 아래 기름 물로 떨어지고 만다. 어부들도 물고기와 오징어를 수면으로 끌어 들이기 위해 밝은 조명을 사용한다. 이들이 내린 낚싯줄에 종종 바닷새가 걸리기도 한다. 바닷가 조명은 새들에게 더욱 심각한 위험을 안긴다. 바다제비와 슴새 같은 새들이 적당한 장소를 찾아 둥지 트는 일을 방해하기 때문이다.

▲바닷가를 훤히 밝히는 거대한 석유시추선들. 빛공해는 바다 생물의 생체 리듬을 망가뜨려 번식, 이동, 먹이 활동에 해를 끼친다.

새들만의 선글라스

바닷가에서 온종일 놀고 나서 눈이 붉게 충혈되고 따가워진 적이 있을 것이다. 이런 증상은 모래와 바닷물에서 반사되는 강한 자외선 때문에 생긴다. 그렇다면 바닷새들은 먼 거리를 이동하는 동안 어떻게 눈을 보호할까? 과학자들은 새의 눈에서 발견되는 기름 방울이 자외선을 막아 준다고 한다. 마치 자외선을 막아 주는 선글라스처럼 말이다.

먹이를 찾아 물속으로 들어가는 바닷새들은 물 밖에서뿐 아니라 물속에서도 볼 수 있어야 한다. 오스트레일리아부비새는 바닷속으로 쏜살같이 다이빙할 때 수정체 모양이 순식간에 바뀌어 곧바로 물속을 볼 수 있게 된다. 펭귄도 강력한 눈 근육을 써서 수정체를 변형시켜 물속에서 볼 수 있도록 만든다. 바닷새들은 물속에 떠다니는 물질로부터 눈을 보호해 주는 막 형태의 눈꺼풀을 지니고 있다. 이것을 위아래에 있는 눈꺼풀 외의 것이라 해서, '제3의 눈꺼풀'이라 부른다.

▲ 뛰어난 시력 덕분에 물속 먹이를 곧잘 찾아내는 검은슴새. 주로 아주 작은 갑각류인 크릴새우를 먹는다.

빛으로 소통하는 깊은 바닷속 생물

만약 여러분이 어두컴컴한 깊은 바닷속에 산다면, 밤에 먹을 것을 찾아 위쪽으로 올라갈 기회만을 기다리면서 온종일 무엇을 하며 지내겠는가? 아마도 여러분 스스로 빛을 만들어 낼 것이다. 깊은 바다에 사는 생물 네 마리 가운데 세 마리가 몸에서 빛을 내는 생체 발광을 일으킨다. 샛비늘칫과에 속하는 수백 종류의 물고기들은 저마다 랜턴을 들고 다니는 것처럼 빛을 내서 모두 '랜턴피쉬'라고 불린다. 빛은 랜턴피쉬의 머리, 몸통의 배쪽, 그리고 꼬리에 있는 발광기에서 나오는데, 어부가 던진 반짝이는 미끼처럼 먹이를 끌어 들인다. 게다가 랜턴피쉬는 큰 눈을 가지고 있어, '바다의 팝콘'이라 불릴 정도로 많은 바다 생물에게 인기 있는 간

▲ 발광 플랑크톤이 빛을 내는 열대 지역의 밤바다. 확대경으로 물속을 들여다보면, 수많은 작디작은 발광 플랑크톤을 볼 수 있다.

▲ 캄캄한 밤바다 속에서 파란 점박이 무늬 빛을 내는 매오징어. 몸속에 빛을 내는 기관을 지닌 매오징어는 봄마다 알을 낳기 위해 엄청난 무리를 지어 일본 앞바다로 모여든다. 매오징어 무리의 빛이 환하게 바닷가를 비추는 광경을 보기 위해 세계 곳곳에서 많은 사람이 온다.

식인 동물성 플랑크톤을 잘 찾아 먹는다.

한편, '붉은 악마'라는 별명으로 알려진 아메리카대왕오징어는 사나워지면 몸이 선홍색으로 바뀐다. 피부 표면 조직의 색소 세포가 근육 아래에 있는 발광기로부터 빛을 받기 때문에 선홍색으로 빛을 낸다. 과학자들은 아메리카대왕오징어가 먹이를 사냥하는 동안 빛을 이용해 서로 의사소통을 한다고 본다. 바다 표면을 비추는 인공조명은 이 오징어의 독특한 소통 방식에 방해가 될 수 있다.

밤이 캄캄해야 잘 자란다

인공조명은 호수와 연못, 강에도 스며들어 민물 생태계를 어지럽힌다. 도심에서 가까운 호수가 가장 큰 위험에 놓여 있다. 물이 맑아서 빛이 더 쉽게 스며들기 때문이다. 시골에 있는 호수는 유기체 입자들 때문에 물이 탁해서 빛이 덜 스며든다. 빛은 알을 낳으러 이동하는 농어에게 방해가 된다. 농어를 비롯한 여러 민물 물고기는 성장하는 데 중요한 역할을 하는 멜라토닌을 밤에 만들어 내는데, 이때 아주 약한 빛을 비추어도 멜라토닌이 잘 나오지 않게 된다.

물속, 특히 흐르는 강과 개울에서 살아가는 수생 곤충은 어두울 때에만 하는 몇 가지 활동이 있다. 하루살이 유충과 먹파리 유충은 흐르는 물에서 성장한다. 밤이 되면 유충들은 낮 동안 달라붙어 있던 갈대와 바위에서 떨어져 나와 물줄기에 몸을 싣고서 하류로 떠내려간다. 이렇게 이동해 먼 곳까지 가서 자리를 잡기도 한다. 유충들은 보름달이 떠서 환할 때에는 포식자에게 들키기 쉬워 갈대와 바위에 붙어 지낸다. 극지방에서는 여름 동안 해가 거의 지지 않아, 이런 유충들이 떠다닐 수가 없다.

이처럼 빛이 있으면 움직이지 않는 유충들이 사는 곳에 야간 조명을 비추면 어떻게 될까? 유충들은 계속 가만히 있게 되고, 그러면 유충들이 사는 지역의 범위가 좁아진다. 인공조명은 바다에서와 마찬가지로, 민물 생태계에도 큰 영향을 준다.

혼란을 주는 빛

반짝이는 물체는 빛을 반사한다. 물체 표면에서 빛이 반사할 때는 어느 한쪽 방향으로 진동하는 빛만 남는데, 이때 빛이 편광되었다고 한다. 편광을 볼 수 있는 동물은 태양이나 전등에서 직접 오는 빛과 물체 표면에서 반사한 빛을 구분할 수 있다.

▲ 작은 채집망을 가지고 개울에 가면 여러 물고기와 파충류, 곤충이 살아가는 모습을 볼 수 있다.

▲ 현관 밖 조명에 붙어 있는 잠자리. 빛 공해는 빛에 이끌리는 곤충 수가 줄어드는 가장 큰 원인이다.

잠자리는 물에서 반사되어 편광된 빛을 보고 물을 찾아 알을 낳는다. 그런데 우리 주변에 빛을 반사하는, 반짝이는 물체가 너무 많아졌다.

반짝이는 여러 표면에서 생기는 반사는 무려 300가지나 되는 수생 곤충을 혼란스럽게 만든다. 잠자리는 물 표면의 반사 빛과 차량 표면의 반사 빛을 구별하지 못해 차량에 알을 낳는 일도 늘어났다. 결국 여러 반사 빛은 많은 수생 곤충들과 그 곤충들을 먹고사는 다른 동물들의 목숨까지 위협한다.

과학자들은 편광이 동물 세계에서 행동을 조정하는 호출 시스템 역할을 하고 있음을 밝히고 있다. 몇몇 연구 결과에 따르면, 꽃이 벌과 나비를 끌어들이려고 자외선과 함께 편광도 이용한다고 한다. 식물에 붙어사는 바이러스가 잎 표면에서 편광을 변화시켜 이 바이러스가 먹을 수 있는 먹이를 끌어들인다는 또 다른 연구 결과도 있다.

이거 알아?

작디작은 단세포 생물인 와편모충은 몸에서 내는 빛으로 캄캄한 밤바다를 푸르게 비춘다. 중국에서는 와편모충 덕분에 생긴 멋진 밤바다 풍경을 '푸른 눈물'이라고 부른다. 하지만 와편모충은 독을 지닌 조류를 먹고살기 때문에 인간을 포함한 다른 생물들에게 독이 된다.

4장
밤을 지켜라

지금까지 살펴보았듯이, 자연환경에 스며든 인공조명은 심각한 문제를 일으킨다. 이 장에서는 사람들이 인공조명 때문에 생겨난 문제를 해결하기 위해 어떤 방법을 찾고 있는지 알아보자. 이 세상에는 어둠을 지키는 용감한 사람들이 있다. 여러분도 밤의 지킴이가 될 수 있다!

어둠을 다시 불러오려면

우리는 일상에서 원하지 않거나 잘못 비추어진 빛을 끌 수 있다. 인공조명은 공해를 일으키는 원인이지만, 스위치를 누르기만 하면 곧장 없앨 수 있다.

여러분도 미국 항공 우주국의 인공위성이 찍은, 마치 파란 구슬처럼 보이는 지구 사진을 본 적 있을 것이다. 우리가 사는 지구는 섬세하고 연약해 보인다. 최근 미국 항공 우주국은 반짝이는 검은 구슬 같은, 지구의 밤 모습이 담긴 사진들을 내놓았다. 그 사진들을 보면 인공조명이 얼마나 많은 어둠을 지구에서 몰아냈는지를 확인할 수 있다.

하지만 다행인 것은 우리가 어둠을 다시 불러올 수 있다는 사실이다. 건물과 마을, 집에서 사용하지 않는 전등은 끄자. 아무 데나 빛이 새어 나가

▲ 백열전구를 엘이디 전구로 바꾸면 에너지와 돈을 아낄 수 있다. 이때 따듯한 느낌의 노란색 전구를 선택하면 더욱 좋다. 건물 바깥의 전등은 전구 종류와 상관없이 밤에는 꺼 두어야 한다. 꽃가루를 나르는 곤충들이 죽지 않게 하는 가장 효과적인 방법이기 때문이다.

▲ 지구는 더 이상 잠들지 않는다. 불과 100년 전에는 위 사진에 보이는 인공조명이 하나도 없었다. 생물이 살아가는 데 꼭 필요한 어둠은 오늘날 사라질 위기에 놓였다.

지 않도록, 조명에 덮개를 씌우자. 전구 빛을 따뜻한 빨간색이나 노란색으로 바꾸자. 이렇게 하면 식물과 동물이 인공조명 때문에 고통받는 일을 줄일 수 있다.

밤하늘 관측에 나서자

빛 공해는 전 세계의 문제다. 인공조명이 끼치는 영향을 연구하려면 세계 곳곳에서 관측한 자료가 필요하다. 그렇기 때문에 시민 과학 활동가들이

▲ 오스트레일리아 브리즈번의 밤 풍경. 이런 도심에서는 인공조명 때문에 밤하늘에 별이 보이지 않는다. 반고흐와 셰익스피어를 비롯한 여러 예술가에게 영감을 불어넣어 주었던 별이 빛나는 밤하늘은 오늘날 젊은 세대에게는 낯선 것이 되었다.

▲ 밤의 텅 빈 도로를 비추는 엘이디 가로등. 이런 조명에서 나오는 빛은 주변 숲과 들판으로 번진다. 빛의 세기를 줄이고 조명에 갓을 씌우면, 운전자도 눈이 덜 부시고 주위 생태계도 덜 혼란스럽게 할 것이다.

나서야 한다. '시민 과학'은 매우 많은 수의 시민이 과학자와 함께 스스로 참여하는 과학 활동이다. 여러분도 밤하늘 밝기 관측 자료를 모으는 '글로브 앳 나이트(Globe at Night)' 활동에 참여하여 연구에 도움을 줄 수 있다. 2020년 한 해에만 거의 3만 곳

어둠은 소중해!

1981년, 미국 하와이에서 바닷새들 가운데 절반 가까운 수가 본디 가야 할 곳으로 날아가지 못하고 땅에 주저앉고 말았다. 카우아이 서프 호텔 바깥에 세운 밝은 조명 때문이었다. 이 문제를 해결하려고 조명 전문가들이 나섰다. 이들은 조명 밝기를 낮추고 조명 기구를 덮개로 가려서 인공조명이 주변 지역을 너무 환하게 비추지 못하도록 했다. 특히 막 날기 시작한 어린 새들이 먼 바다로 첫 비행을 나가려는 시기에는 하늘로 향하는 조명을 줄이도록 했다. 이런 노력은 효과가 있었다. 카우아이 행정부는 섬 전역의 가로등 밝기를 낮추고 덮개를 씌우는 운동을 펼쳤다. 그 결과 날아가지 못하고 땅에 머무는 바다제비와 슴새가 크게 줄어들었다.

슴새는 일생 동안 수천 수백 킬로미터를 여행한다. 바다에 먹이가 풍부해지는 여름을 찾아 8자를 그리며 날아 북극과 남극을 오간다. 이처럼 국경을 넘나드는 바다새의 이동 경로를 보호하기 위해서는 조명 관련 지침이 꼭 필요하다.

카우아이 섬 나팔리 해안의 독특한 지형. 이곳에는 무척 다양한 동식물들이 살고 있다. 이들의 생태계를 해치지 않으려면 새로운 개발이 시작될 때마다 그에 따른 조명 지침을 마련해야 한다.

에서 관측된 밤하늘 밝기 자료가 모여서, 전 세계 빛 공해를 측정하는 데 도움이 되었다.

글로브 앳 나이트를 운영하는 단체의 또 다른 활동으로는, 집 주위에 있는 큰 도로의 밝기를 1.6킬로미터마다 관측해 보고하는 것도 있다. 참여자들의 관측 자료는 가로등 불빛이 야생 동물과 인간 건강에 미치는 영향에 대한 연구에 쓰인다.

> **이거 알아?**
>
> 미국에서 쓸데없이 켜진 인공조명에서 나오는 2,100만 톤의 이산화탄소를 흡수하려면 나무 8억 7,500만 그루를 새로 심어야 한다. 문제를 해결하는 더 효과적인 방법은 조명 낭비를 줄이고 나무를 심는 것이다.

에너지를 아끼자

너무 많은 조명은 귀중한 에너지를 낭비한다. 특히 조명이 필요하지 않는 곳을 비출 때 더욱 그렇다. 미국에 설치된 야외 조명의 90퍼센트 이상이 도로와 주차 구역을 비추는데, 그 가운데 적어도 3분의 1은 쓸데없이 켜진 것이다.

캐나다 퀘백 지방에서만 한 해에 5,000만 달러(우리 돈으로 약 680억)의 세금이 방향이 잘못 설정되거나 낭비되는 조명 때문에 허비된다. 낭비되는 돈을 줄이려면, 조명이 정해진 때에 저절로 꺼지도록 하는 타이머를 이용하고 동작이 감지될 때에만 불이 켜지는 기구를 설치하면 된다.

▲ 미국 하버드대학교의 한 건물 계단에 학생들이 모여 있는 모습. 덮개를 씌운 전구에서 나오는 은은한 빛 덕분에 차분하고 안전한 느낌이 든다.

야외뿐 아니라 실내에서도 사용하지 않는 방이나 사무실 전등을 끄면 에너지 소비를 줄일 수 있다.

엘이디 전구는 기존 전구보다 최대 90퍼센트까지 에너지를 덜 쓰고 25배 더 길게 지속되어 에너지 소비를 크게 줄인다. 하지만 푸른색 엘이디 조명은 주의해야 한다. 블루 라이트를 내뿜는 엘이디 조명은 수많은 생물의 생체 시계에 나쁜 영향을 끼치기 때문이다. 사람과 자연에 끼치는 영향을 줄이려면, 되도록 따듯한 느낌의 전구를 사용하자. 미국에서 사용되는 모든 에너지의 8퍼센트 이상이 조명에 쓰이며, 그중 대부분은 밤을 밝히는 데 쓰인다.

미국에서는 방금 소개한 에너지 절약 방법 가운데 몇 가지를 실천한 덕분에 에너지 총 사용량이 20년 넘게 그대로 유지되고 있다. 경제가 30퍼센트 성장했음에도 불구하고 말이다. 하지만 앞서 소개한 방법들 말고도 에너지를 효율적으로 사용하는 방법은 아주 많다. 미국 몇몇 도시에서는 빛 공해 방지법을 만들어 눈부심과 에너지 소비, 침입광, 지역 사회의 비용 부담을 모두 줄였다.

밝을수록 안전할까?

사람들은 대부분 조명이 많을수록 더 안전하다고 생각한다. 하지만 지나친 조명은 오히려 정반대의 효과를 낳는다. 빛이 너무 밝으면 눈이 부셔서 어두운 데 뭐가 있는지 볼 수 없게 된다. 그러므로 조명을 무턱대고 많이 둘 게 아니라, 꼭 필요한 곳에 설치하여 잘 쓰이도록 관리해야 한다.

▼ 도시 불빛과 멀리 떨어진 곳에서, 쌍안경으로 밤하늘의 별을 들여다보며 즐거워하는 사람들.

조명 기구의 빛은 건물 밖으로 새어 나가지 않게 하고, 사람 눈에 바로 비추지 않도록 아래를 향하게 하자. 방범용 조명은 움직임을 감지할 때에만 켜지도록 하자. 이런 보안등을 설치하면, 이웃 사람들은 옆집에서 켜지는 불빛을 더 잘 알아차릴 수 있다.

영국 에식스주에서 실시한 연구에 따르면, 범죄는 불 켜진 지역에서 늘어났다고 한다. 주민들은 조명이 더 많아야 범죄가 줄어들 거라고 믿었지만 밤새 조명을 켠 결과, 범죄가 55퍼센트 늘어났다. 미국 샌안토니오시는 '어두운 교정' 정책을 처음 시행했다. 이 정책은 학교 건물에 사람이 없을 때 건물 안팎의 조명을 꺼서 전기 사용량을 줄이는 것이다. 그랬더니 전기 사용량만 줄어든 게 아니라 공공 기물이나 남의 재산을 함부로 망가뜨리는 일이 줄어들었다. 또한 밤새 켜 있는 바깥 등을 껐을 때 길거리 여기저기 벽에 그림을 그리거나 낙서를 하는 그라피티가 줄었다. 왜 그럴까? 어둠 속에서 그림을 그려 본 적이 있다면 쉽게 그 이유를 알 것이다. 캄캄한 데서는 그럴듯한 그림을 그리기 힘들다.

밤 환경을 눈여겨보자

사람들이 인공조명의 영향을 깨닫고, 그로부터 자연환경을 보호하기 위한 계획을 세우기까지 오랜 시간이 걸렸다. 산림 파괴, 기후 변화, 물과 흙과 공기 오염이 사람들의 눈길을 끄는 동안, 빛 공해는 사람들의 관심 밖에 있었다. 하지만 빛 공해는 더 이상 모른 척할 수 없는 문제가 되었다.

환경 보호 활동가들은 야간 조명이 어떤 영향을 끼치는지 조사한 뒤, 새롭게 알게 된 사실을 바탕으로 생물 보존 계획을 세워야 한다. 예를 들어, 야행성 포유동물은 조명이 비추거나 환하게 불 켜진 곳과 가까운 데 있는 생태 통로로 들어서는 걸 망설인다. 그러므로 생태 통로의 설계와 위치는 이런 동물들이 견딜 만한 빛의 정도를 잘 알아보고 결정되어야 한다. 새로운 빌딩이나 다리를 건설하는 일, 또는 광물이나 돌을 캐내는 일이 주위에 어떤 영향을 끼칠지 평가할 때에는 밤의 환경에 미칠 영향도 반드시 함께 살펴보아야 한다.

▲ 생태 통로를 지나는 동물들. 몸집이 큰 야행성 포유동물은 넓은 지역에 퍼져서 살아가는데, 사람들이 도로를 놓으면서 그 지역이 두 쪽으로 나뉘기도 한다. 이런 경우에 동물들이 안전하게 두 쪽을 오갈 수 있도록 생태 통로를 마련해 놓는다. 밤에 동물들이 더 안전하게 생태 통로를 지나가게 하려면 어떤 조명을 설치해야 하는지 연구해야 한다.

어두운 밤하늘을 찾아가자

국제 어두운 밤하늘 협회(The International Dark-Sky Association)는 인공조명을 줄이고 주변 생태계로 새어 나가는 빛의 영향을 되도록 줄이기 위한 지침을 마련했다. 도시의 인공조명 때문에 밤하늘이 옅어져서 아마추어뿐만 아니라 전문 천문학자들도 별

이거 알아?

2021년 8월까지 전 세계에서 깜깜한 하늘을 볼 수 있는 장소로 알려진 곳은 180곳이다. 이 장소들은 캐나다의 본 어코드시부터 칠레의 가브리엘라 미스트랄, 한국 경상북도 영양의 반딧불이 생태공원까지 전 세계에 흩어져 있다.

▲전구를 살 때 모양이나 색깔을 보고 고르는 것도 중요하지만, 언제 끌지 결정하는 것이 가장 중요하다.

을 관찰하는 것이 어렵게 되었다. 국제 어두운 밤하늘 협회는 자기네가 정한 규칙에 따라 어두운 밤하늘이 잘 보존된 지역과 국립공원을 인증하고 있다. 최근 들어서는 별을 구경하거나 로켓 발사, 일식, 월식 등을 보러 다니는 '천문 관광'의 인기가 오르고 있다. 고성능 망원경으로 별이 가득한 밤하늘을 들여다보면 갑자기 은하계에 들어간 것 같은 기분이 들 것이다.

미국에서는 열아홉 개의 주가 빛 공해를 막는 법을 마련해 놓았다. 이 법은 에너지 보존, 치안, 그리고 천문학 연구가 잘 이루어지도록 돕는다. 미국 미시간주의 앤아버시에서는 '삶의 질을 높이기 위해' 조명 관련 규정이 만들어졌다. 몇몇 지역은 토지 용도에 맞게 조명 규정을 마련했다.

우리는 무엇을 할 수 있을까?

바깥에 조명을 설치할 때에는 아래의 네 가지 물음에 답해 보자.

1. 이 전등이 꼭 필요할까?
2. 얼마만큼의 빛이 필요할까?
3. 언제 빛이 필요할까?
4. 어떤 색의 빛이어야 할까?

빛 공해를 줄이고 야생 동물을 구하는 몇 가지 방법을 소개한다.

• **집 바깥에 설치된 불필요한 전등을 끈다.** 되도록 필요할 때에만 켜지는 동작 감지 전등을 설치한다. 딱 필요한 만큼의 빛을 내는 전구를 고른다. 엘이디 전구를 사용할 때에는 따뜻한 느낌이 나는 노란색이나 주황색을 고른다.

▲ 방에서 나갈 때 전등을 끄는 습관은 아주 바람직하다. 집 바깥 조명에 일정한 시간이 되면 저절로 꺼지는 타이머나 동작 감지 센서가 달려 있지 않다면, 밤에는 조명을 아예 끄자. 집 주변에 사는 야생 동물과 식물이 고마워할 것이다.

• **조명에 갓을 씌워서 빛이 아래로 향하게 한다.** 아파트에 산다면, 바깥 조명 시설을 살펴본다. 만약 갓이 없다면 어떻게 씌울지 관리소에 물어본다. 책상 위에 올려놓거나 방구석에 세워 둔 스탠드는 창가에서 멀리 두고, 블라인드나 커튼을 쳐서 빛이 되도록 실내만 비추도록 한다.

• **반딧불이를 소중하게 여긴다.** 집에 뒷마당이나 오두막집이 딸려 있거나 자주 가는 공원이나 공터가 있다면, 반딧불이를 위한 안전한 은신처를 만들어 줄 수 있다. 반딧불이는 나무 밑에 쌓인 낙엽을 좋아한다. 또 반딧불이 유충이 살기에 알맞은 썩은 통나무도 좋아한다.

▲ 벽등은 갓을 씌워 아래로 향하도록 설치한다. 위로 새어 나가는 빛은 빛 공해의 원인이 된다.

▲ 미국 위스콘신주에 사는 새들 중에 몇몇 종은 이 정원에 있는 새 물통을 함께 쓰며 야생화의 꽃가루받이를 돕는다. 전 세계 인구가 80억 명을 넘어선 지금, 우리는 자연과 조화를 이루며 살아가는 법을 배워야 한다.

• **함석 지붕을 얹은 창고, 자동차, 아스팔트는 반짝거린다.** 이렇게 윤이 나는 표면은 빛을 반사해서 빛이 필요 없는 곳에까지 빛이 뻗어 나가게 한다. 그러므로 물건이나 건물의 표면은 하얀색보다는 어두운색으로 하는 편이 낫다. 빛 공해를 줄이기 위해 집 주변의 환경을 잘 살펴보자.

• **내가 사는 곳을 철새나 동물이 살아가기에도 좋은 곳으로 만든다.** 주위 사람들에게 자연 그대로의 밤을 되살려야 하는 이유를 설명한다. 전등에 갓을 씌웠다 하더라도 전등 빛은 생태계에 영향을 미친다. 밤에는 등을 끄는 것이 자연환경을 되살리는 데 더 나은 방법이다.

여러분도 나처럼 밤을 사랑하게 될 수 있다. 부모님과 함께 밤의 소리를 들어 보자. 자리를 잡고 앉아서 들려오는 소리에 귀 기울여 보자. 이내 귀뚜라미, 개구리, 새, 어둠을 사랑하는 다른 수많은 동물이 밤 깊도록 부르는 노랫소리를 듣게 될 것이다. 차가운 밤공기 속에서 여러 가지 내음이 땅에 더 가까이 내려앉으면, 밤이 가진 풍부한 내음을 맡을 수 있다.

우리가 사는 지구에서 빛과 어둠의 주기는 자연스러운 것이다. 지구를 구하고 싶다면, 전등 스위치를 멀리하자. 어두운 곳으로 산책을 나가 보자. 밤을 되살려 지구의 생물과 생태계를 보존하는 일에 나서 보자.

▼ 세계 곳곳에서 어두운 밤하늘을 볼 수 있는 장소를 보호하기 위한 법안을 만들고 있다. 이런 장소들이 점점 드물어지고, 도시에서 훨씬 더 멀어지고 있기 때문이다. 해마다 많은 사람들이 우주의 경이로움을 엿보며 즐기기 위해 밤하늘이 보존된 곳을 찾는다.

더불어 사는 지구 83

잠들지 않는 지구를 구하라! - 작은 발걸음 큰 변화 ㉒

처음 인쇄한 날 2024년 7월 8일 | 처음 펴낸 날 2024년 7월 15일
글 스티븐 에이킨 | 옮김 오지현 | 감수 전영석
펴낸이 이은수 | 편집 오지명, 김연희, 박진희 | 북디자인 원상희 | 마케팅 정원식
펴낸곳 초록개구리 | 출판등록 2004년 11월 22일(제300-2004-217호)
주소 서울시 종로구 비봉2길 32, 3동 101호
전화 02-6385-9930 | 팩스 0303-3443-9930
인스타그램 instagram.com/greenfrog_pub

ISBN 979-11-5782-300-0 74380 | 978-89-956126-1-3(세트)

사진 저작권 목록

P2-3 SARAYUT THANEERAT/GETTY IMAGES P6 RANGIZZZ/DREAMSTIME.COM P7 ATIT SIRIPRAROB/SHUTTERSTOCK.COM P8 MOMO5287/SHUTTERSTOCK.COM P9 (좌) PALEKA19/GETTY IMAGES (우) TAKESHI SASANUMA/GETTY IMAGES P10 SIMON'S PASSION 4 TRAVEL/SHUTTERSTOCK.COM P11 MURATART/SHUTTERSTOCK.COM P12 PERE SANZ/DREAMSTIME.COM P13 MARTIN RUEGNER/GETTY IMAGES P15 (상) FREDER/GETTY IMAGES (하) VECTOR MINE/SHUTTERSTOCK.COM P17 DANIEL PRUDEK/DREAMSTIME.COM P18 MIRASWONDERLAND/SHUTTERSTOCK.COM P19 REIMAR/SHUTTERSTOCK.COM P20 PETRDD/SHUTTERSTOCK.COM P21 PALEKA19/GETTY IMAGES P22 FRANKY/DREAMSTIME.COM P23 TEEKAYU/SHUTTERSTOCK.COM P24 ASTRO STAR/SHUTTERSTOCK.COM P25 IMAGE SOURCE/GETTY IMAGES P26 TDUB303/GETTY IMAGES P28 TAKESHI SASANUMA/GETTY IMAGES P29 (좌) NATALIYA HORA/DREAMSTIME.COM (우) LUCIA HISATSUGA/GETTY IMAGES P30 CRISTINA-RAMIREZ/SHUTTERSTOCK.COM P31 CREATIVE LAB/SHUTTERSTOCK.COM P32 JOHANNES SPAHN/GETTY IMAGES P33 NATALIYA HORA/DREAMSTIME.COM P34 TAKA_D/SHUTTERSTOCK.COM P35 JOHANNA TURNER P36 LUCIA HISATSUGA/GETTY IMAGES P37 DAVE ROBERTS/DREAMSTIME.COM P38 (상) LISA BOURGEAULT/DREAMSTIME.COM (하) VINEYARD PERSPECTIVE/SHUTTERSTOCK.COM P39 ENOLABRAIN/GETTY IMAGES P40 PECHEVOY/GETTY IMAGES P41 CHAMELEONSEYE/GETTY IMAGES P43 PHOTOONGRAPHY/SHUTTERSTOCK.COM P44 TANYA MAY/SHUTTERSTOCK.COM P46 URBAZON/GETTY IMAGES P47 MICKEYTEAM/SHUTTERSTOCK.COM P48 KIRI ILL RYZHOV/DREAMSTIME.COM P49 (좌) NUM_SKYMAN/SHUTTERSTOCK.COM (우) SUSAN M JACKSON/SHUTTERSTOCK.COM P50 MARTA_KENT/GETTY IMAGES P52 SUSAN M JACKSON/SHUTTERSTOCK.COM P53 CORAL BRUNNER/SHUTTERSTOCK.COM P54 9PARUSNIKOV/DREAMSTIME.COM P55 SERENETHOS/DREAMSTIME.COM P56 NUM_SKYMAN/SHUTTERSTOCK.COM P57 VICTOR SUAREZ NARANJO/SHUTTERSTOCK.COM P58-59 JAMES_STONE76/SHUTTERSTOCK.COM P60 RONGUI/GETTY IMAGES P61 WUNDERVISUALS/GETTY IMAGES P62 ANGIE AMIL/DREAMSTIME.COM P63 (좌) ANTON BELO/SHUTTERSTOCK.COM (우) CONSTANTIN OPRIS/DREAMSTIME.COM P64 JARI HINDSTROEM/SHUTTERSTOCK.COM P65 (상) BLUE PLANET STUDIO/SHUTTERSTOCK.COM (하) NEIL GAVIN/GETTY IMAGES P66 (상) MILAN NOGA/SHUTTERSTOCK.COM (하) IGNACIO PALACIOS/GETTY IMAGES P67 JORGEANTONIO/GETTY IMAGES P69 VCHAL/SHUTTERSTOCK.COM P71 FONTI.PL/SHUTTERSTOCK.COM P72 FADHEIT/GETTY IMAGES P73 (상) DMYTRO VIETROV/SHUTTERSTOCK.COM (하) ANTON BELO/SHUTTERSTOCK.COM P74 CHRISTINLOLA/DREAMSTIME.COM P75 CONSTANTIN OPRIS/DREAMSTIME.COM